LUKAS SPINNER

Nicht alle Engel können singen

T V Z

LUKAS SPINNER

Nicht alle Engel können singen

Geschichten zum Vorlesen in der Weihnachtszeit

Mit 12 Illustrationen von Xenia Fink

TVZ
Theologischer Verlag Zürich

Umschlaggestaltung, Satz und Layout
Mario Moths, Marl
unter Verwendung einer Illustration von Xenia Fink

Druck
ROSCH-BUCH GmbH, Scheßlitz

Die Deutsche Bibliothek – Bibliografische Einheitsaufnahme
Die Deutsche Bibliothek verzeichnet diese Publikation in der
Deutschen Nationalbibliografie; detaillierte bibliografische
Daten sind im Internet über http://dnb.ddb.de abrufbar.

ISBN 978-3-290-17434-7
© 2007 Theologischer Verlag Zürich
2. Auflage 2008
www.tvz-verlag.ch

INHALT

VORWORT

Alle Jahre lädt der Frauenverein Bergmeilen ältere Menschen aus den umliegenden Höfen ein zu einer Adventsfeier in den Alpenblick. Es ist zum Brauch geworden, dass dort, in dieser gemütlichen Gaststätte, die Kinder des Bergschulhauses ein Singspiel vorführen und der Pfarrer eine Geschichte vorliest. So sind – über eine Reihe von Jahren – diese Geschichten entstanden. Sie alle sind im Alpenblick zum ersten Mal vorgelesen worden. Viele gehen auf ein Erlebnis zurück. Das merkt man gut bei der «Störung». Aber auch die «Nordmannstanne» stand wirklich einmal ungeschmückt in meiner Pfarrstube. Und das eindrückliche Krippenbild mit dem kreuztragenden Jesus («Der Jesus ist weg») habe ich in der Kapuzinerkirche von Solothurn gesehen. Und in meiner Stube hätten sich um ein Haar zwei Nikolause getroffen, zuerst ein unangemeldeter, der zu unserem Schrecken kam, und dann der angemeldete. Die Geschichten, die ich aus Motiven der biblischen Geburtsgeschichte weitergesponnen habe, sind oft parallel zu einer Predigt zum selben Text entstanden. Für mich war es reizvoll, mich einem Thema mit verschiedenen Sprachen zu nähern.

In den meisten Geschichten habe ich versucht, Weihnachten nicht als ein Idyll für sich stehen zu lassen, sondern miteinzubeziehen, was dann mit diesem Kind geschehen ist. Der Weg hin zum Kreuz ist schon spürbar in der biblischen Weihnachtsgeschichte. Und erst von Ostern her empfängt sie ihr versöhnliches Licht.

Mir macht es Freude, diese zwölf Geschichten in einem Bändchen vereinigt zu sehen. Und ich hoffe, auch der Leser und die Vorleserin freue sich darüber – nicht bloss über die Geschichten, sondern auch über die jedes Mal von mir mit Spannung erwarteten Illustrationen der Künstlerin Xenia Fink, die der Verlag für das Büchlein gewinnen konnte.

Widmen möchte ich dieses Bändchen der fröhlichen Gemeinschaft der vom Frauenverein zusammengerufenen Bergmeilemer. Sie haben mir durch ihre Aufmerksamkeit immer wieder den Mut gegeben, eine neue Geschichte zu schreiben.

MÜLLERS UND SANKT NIKOLAUS

Sankt Nikolaus war alt geworden. Er trug seinen Sack auf dem Rücken, die Rute in der einen, das dicke Buch in der andern Hand. Familie Müller, ja, die sollte er noch besuchen. Aber war es jetzt die Nummer 31 oder die Nummer 13? Es war dunkel auf der Strasse, seine Notizen konnte er nicht entziffern. Doch er hatte Glück: Da stand es deutlich angeschrieben beim Briefkasten am Haus mit der Nummer 13: MÜLLER. – Also läutete er dreimal an der Tür und klingelte mit seinem Glöckchen.

Halb sechs war es. Drinnen bereiteten die Müllers ihre Stube; es könnte ja sein, dass der Nikolaus käme heute Abend. Sabine wusste nicht so recht, was sie davon halten sollte: Das mit dem Nikolaus konnte sie nicht mehr richtig glauben. Letztes Jahr hatte sie irgendwie das Gefühl gehabt, dass es gar nicht der Nikolaus, sondern ihr Götti sei, der da vor ihr stand; aber ihrem Bruder, dem kleinen Michael, machte der Nikolaus noch mächtig Eindruck.

«Sabine, mach mal die Tür auf und schau, wer da noch läutet!», rief die Mutter. Das Glöckchen hatte niemand gehört. «Vielleicht ist es der Nikolaus», meinte Michael. «Nein, nein, der kommt später, wenn er überhaupt kommt», brummte der Vater. Da, noch einmal läutete es und jemand pochte an die Tür. Nun war es Sabine doch etwas unheimlich. Sie öffnete – und da stand er: der alte Nikolaus, und er sah gar nicht aus wie ihr Götti. «So, bin ich da bei Müllers? Du bist sicher die Sabrina, du bist aber schon gross für dein Alter!», sagte der alte Mann und trat über die Schwelle. Sabine starrte ihn an. «Sabine heisse ich.» «Ja, natürlich heisst du Sabine. Weisst du, ich bin eben uralt, und da bringe ich manchmal etwas durcheinander. Dafür hab ich mein Buch bei mir und da steht alles drin, was ich wissen muss.»

«Mama, der Nikolaus ist da!», rief Sabine in die Stube. «Den hätte ich aber später erwartet», meinte der Vater, und Michael verzog sich vorsichtshalber hinter das Sofa. Donnerwetter, dachte die Mutter, der sieht aber diesmal echt aus. «Komm, Nikolaus,» sagte sie, «setz dich auf den Stuhl und erzähle uns, was du zu sagen hast!»

Der alte Mann setzte sich umständlich, stellte den Sack neben sich und legte die Rute sorgfältig zu Boden. Dann nahm er das grosse Buch auf den Schoss und strich sich bedächtig durch den langen weissen Bart. Michael kam langsam hinter dem Sofa hervor. Und Nikolaus begann zu erzählen: von dem tiefen Wald, dem vielen Schnee, von seiner Hütte, von seinen Zwergen, die ihm geholfen hätten, und von seinem Buch, in dem alles aufgeschrieben stehe, was die Menschen im letzten Jahr getan hätten. Das war Sabine nun doch etwas unheimlich und die Mutter wunderte sich über die tiefe Stimme des Nikolaus: Wunderbar, wie er das macht!

«So, da gibt es doch einen Jungen, du da, wie heisst du denn?» Nikolaus war vorsichtig geworden. «Michi!», sagte Michael zaghaft. «So, Michi heisst du: Wollen wir doch mal schauen, was da geschrieben steht über dich in meinem Buch.» Sankt Nikolaus blätterte, bis er zu den Zetteln von Müllers kam, da waren die Notizen über den Knaben. Nikolaus war wirklich alt geworden, hatte er doch Mathis geschrieben statt Michi; die Vorsicht hatte sich gelohnt. «Also, Michi, wie steht's denn mit dir und deinem Zimmer, was lese ich denn da?» Michael wurde es etwas mulmig, er wusste ja von seiner ständigen Unordnung im Zimmer, vom Streit mit seiner Mutter. «Pass auf, der Nikolaus wird's dir schon sagen, wenn du nicht aufräumst!», hatte sie vor kurzem noch gemeint. Jetzt hatte er die Bescherung, und alles stand in dem grossen Buch drin. Die Mutter schmunzelte: Das war gut, das würde helfen.

«Ja, was lese ich da: Meine Zwerge hätten gesehen, wie schön du dein Zimmer stets in Ordnung hältst. Das lese ich gern, dass ein Junge wie du so ordentlich ist, da müssen deine Eltern aber mächtig stolz sein auf dich.» – Wie kann er auch, der Nikolaus; hat mein Mann da etwas durcheinander gebracht, dachte die Mutter. Michael traute seinen Ohren nicht und guckte dem Nikolaus fest ins Gesicht. Ihm schien, dass dieser ihm mit seinen gütigen Augen zuzwinkerte. Und es war dem kleinen Jungen, als hätte sich eine himmlische Macht mit ihm verbündet

gegen seine eigenen Eltern. Nein, künftig wollte er den Nikolaus nicht enttäuschen. Und er beschloss, diesem Nikolaus sein Herz zu schenken. Der sollte staunen, wie er sein Zimmer noch viel besser aufräumen konnte.

«Und du, Sabine, was finde ich denn über dich geschrieben? Schokolade magst du gern, nicht wahr?» Sabine nickte und errötete: Sollte etwa gar im Buch drinstehen, wie sie im Schrank von der Schokolade genascht hatte vor ein paar Tagen? Aber das hatte doch gar niemand gemerkt! – «So, so, was lese ich da: Du kannst deiner Schokoladenlust fast nicht widerstehen und dann tust du Sachen, die du nicht tun solltest.» – Woher hat er jetzt das, dachte die Mutter. Ihr Mann hatte ihr doch gar nichts davon erzählt. Der aber verstand schon lange alles nicht mehr. Hatte seine Frau da hineingefunkt? Sabine aber fing an, wieder an den Sankt Nikolaus zu glauben und versprach, die Schokolade künftig in Ruhe zu lassen.

«Und da steht noch etwas ganz Schönes über dich, Sabine: dass du so gut mit deinem Brüderchen spielen kannst; das haben meine Zwerge gesehen und mir davon berichtet!» Der Vater schüttelte den Kopf. Und Sabine dachte, das müsse aber ein alter Eintrag sein, denn in letzter Zeit stritt sie sich ja immer mit ihrem Bruder. Aber vielleicht wusste Nikolaus auch – im Unterschied zu ihren Eltern –, dass eben doch meist der Kleine schuld war am Streit. An ihr sollte es nicht liegen, sie wollte es wieder versuchen mit dem Spielen.

«Nun komme ich aber zu den Grossen; da steht im Buch auch etwas darüber. Da, über die Mutter, dass sie so gut koche, und wie das der ganzen Familie so schmecke. Sogar meine Zwerge haben ein bisschen genascht und es war ausgezeichnet.» Frau Müller war gerührt; in dieser ganzen Zeit hatte ihr Mann nie ein Danke über die Lippen gebracht, wenn sie gekocht hatte. Nun tat er es eben über den Nikolaus. Und sie lachte ihrem Gatten zu. Der aber wunderte sich: Musste seine Frau den Nikolaus bemühen, um ihm eine Lehre zu erteilen? Okay, er würde sich bessern, schliesslich konnte sie wirklich gut kochen.

«Und der Vater, ja, was steht denn da? Da werde ich wohl doch zu meiner Rute greifen!» Nun musste aber Michael lachen: Sein Vater sollte eins mit der Rute kriegen. Was hatte er wohl Böses getan?

Es kam aber nicht dazu. Denn in diesem Moment polterte es an die Tür und läutete Sturm. Es war sechs geworden. Der Vater eilte in den Gang, öffnete die Tür, und herein kam – ein zweiter Nikolaus. O je, das war nicht vorgesehen. Der alte Mann auf dem Stuhl staunte nicht schlecht, und dem neuen Nikolaus verschlug es die Stimme, als er die Stube betrat. Und jetzt?

«Das ist ja der Götti!», rief da plötzlich Sabine und zog am weissen Bart, dass das Gesicht frei wurde. Ja, es war der Götti, das sah auch Michael. «Schau, Götti, der richtige Nikolaus ist zu uns gekommen, der mit dem grossen Buch aus dem Wald, und er wollte gerade dem Vater eins mit der Rute hauen!»

Der alte Nikolaus hatte aber kalte Füsse bekommen. Ihm schwante etwas. Da musste er raus, so schnell wie möglich. Er nahm seinen Sack und leerte ihn aus vor der ganzen Familie – und eine Herrlichkeit von Sachen rollte heraus, nicht bloss Nüsse und Mandarinen wie in anderen Jahren, sondern lauter Schokolade dazu, so dass die auf Gesundheit bedachte Mutter die Stirn runzelte.

«Ich wünsche euch allen eine schöne Weihnachtszeit, und dir, du verkleideter Nikolaus, dir nehme ich deinen Sack weg zur Strafe, weil du mich nachgeahmt hast!» Zum Glück war ihm das noch eingefallen mit dem Sack; wie wäre er sonst dagestanden bei Müllers in der Nummer 31!

Er eilte hinaus, bevor die Eltern etwas sagen konnten, und er eilte bis zum andern Haus. «Endlich kommst du, Nikolaus!», so wurde er dort empfangen. Und wir wollen nicht verschweigen, dass jene Müllers schon etwas erstaunt waren, als so gar keine Schokolade aus dem Sack kollern wollte. Aber bei Müllers an der Nummer 13 konnten die Kinder dem Götti nicht genug erzählen, dass der echte Nikolaus bei ihnen gewesen sei.

DER OCHSE

Dass Maria und Josef mit ihrem Kind von Betlehem nach Ägypten auf einem Esel geflohen sind, das weiss jedes Kind. Denn die Kinder trauen den Bildern, die sie sehen. Die Maler müssen es wissen, denn sonst hätten sie es so nicht gemalt.

Ob Josef und Maria schon auf dem Weg nach Betlehem einen Esel bei sich hatten, also bevor noch der Heiland das Licht der Welt erblickte, darüber ist man sich nicht einig. Aber wie sollte die schwangere Maria die ganze Strecke bewältigt haben – ohne Esel? So wird es jedem Kind einleuchten, dass der Esel im Stall von Betlehem Josefs Esel war, ein Galiläer-Esel sozusagen, einer von Nazaret, einer, der wohl schon recht erschöpft war, als er endlich bei der Krippe stand und sich den neugeborenen König ansehen konnte.

Wo aber kommt der Ochse her? Denn wenn man den Malern glauben darf, war hinter der Krippe gleich neben dem Esel auch ein Ochse. Und wo ging er hin? Auf der Flucht nach Ägypten begegnet man ihm nicht, und es gibt keinen Hinweis darauf, dass Josef ihn aus seiner Zimmermannswerkstatt in Nazaret mitgebracht hätte. Der Ochse ist gewiss ein grosses Tier, aber in der Weihnachtsgeschichte taucht er auf aus dem Nichts und verschwindet ins Nichts. Ob wir das Rätsel lösen können?

Der Ochse gehöre in den Stall, seit jeher habe er dort gestanden, sagen viele. Das tönt vernünftig. Denn wo sollte er sonst herkommen? Und schliesslich stand im Stall ja auch eine Krippe, und zu einer Krippe gehört ein Tier. Der Ochse sei denn auch das Tier, das im Stall zurückblieb, als die heilige Familie auf der Flucht war und die Könige und die Hirten den Stall längst schon verlassen hatten. Einsam sei er im Stall zurückgeblieben.

Aber wer länger über diese Geschichte nachdenkt, dem kommen Zweifel. War die Krippe nicht zu niedrig für einen mächtigen Ochsen? Schliesslich gab es in der Gegend doch Hirten, und die hüteten – auch das weiss jedes Kind – ihre Schafe. Der Stall aber wird wohl den Hirten gehört haben, die bei guter Witterung draussen bei der Herde bleiben konnten. Es ist auch nirgendwo die Rede davon, dass in der Krippe Futter gewesen sei, Heu oder dergleichen. Stroh hat Josef hineingelegt, und Maria hat ihr Kind, in Windeln gewickelt, auf das Stroh in die Krippe gelegt. Da spricht doch alles dafür, dass es eine Krippe für Schafe war, die jetzt, da die Schafe draussen waren, nicht gebraucht wurde. Dann aber hat die Krippe mit dem Ochsen nichts zu tun. Und dieser musste auch nicht eifersüchtig auf das himmlische Kind blicken, das ihm ja dann nicht den Futterplatz gestohlen hatte.

Wo kommt also der Ochse her, von dem die Maler seit alters wissen? Sollte er mit den Königen mitgekommen sein, als sie aus dem Morgenland ihre Geschenke brachten? Waren das Gold und der Weihrauch und die Myrrhe samt all den kostbaren Gewändern auf einem Ochsenkarren? Nein, dann hätten es die Maler auch so gemalt. Die Geschulteren unter ihnen malen doch Kamele oder Pferde, königliche Tiere also, aber nicht einen Ochsen, der Gold daherbringt. Es wäre besser, diesen Gedanken fallen zu lassen.

Nun ist – wer wüsste es nicht – in der Weihnachtsgeschichte ja auch von den vollen Herbergen die Rede. Man stelle sich vor: So viele Gäste hatte Betlehem seit langem nicht mehr gesehen. Nicht wegen der Geburt des Erlösers. Wer hätte sich dafür schon interessiert? Nein, um Handfesteres ging es doch, um Zahlen und Listen und Fragebogen. Man war gekommen, um sich in die Steuerregister seines Heimatortes eintragen zu lassen. Und wenn man schon auf Reisen war, wollte man es auch geniessen. So liess sich das Nützliche mit dem Angenehmen verbinden, und die Gaststuben der Herbergen füllten sich immer mehr.

Potztausend, war das ein Fest für die Wirte! So gut war das Geschäft seit Jahren nicht mehr gelaufen. Die grössten Weinfässer wurden angestochen, die letzten Honigtöpfe aufgebraucht, und den Bauern wurden die besten Tiere abgekauft, denn es sollte Fleisch in Fülle zu essen geben. In den Kaminen prasselte das Feuer und die Spiesse waren schon geputzt.

Natürlich, – *da* gehört doch der Ochse hin: vom Bauern dem Wirt verkauft, wartend auf die gewetzten Messer, dass er bald die hungrigen Mägen fülle. Dort bei der letzten Herberge, am Ausgang des Dorfes musste er gestanden haben, verwundert das junge Paar betrachtend, das vom allzu geschäftigen Wirt barsch abgewiesen wurde.

Und als dann die müde Maria gedankenverloren mit ihrer sanften Hand über den Rücken des Ochsen strich, da konnte das Tier nicht widerstehen. Es löste sich vom Haken und trottete dem heiligen Paar hinterher. Es war zu viel Betrieb, als dass es jemandem aufgefallen wäre, und als der Wirt den Ochsen zum Schlachten holen wollte, war das Paar schon verschwunden.

Es werde doch der Wirt den eben gekauften Ochsen nicht so liederlich an den Haken gebunden haben, dass er einfach mir nichts, dir nichts sich hätte lösen können – so werfen manche ein. Sie mögen Recht haben. Aber sie sollten Folgendes bedenken: Wenn in dieser Nacht das grosse Wunder der Geburt des Erlösers geschah, wäre es dann so abwegig, wenn gleichsam am Rande der Heiligen Nacht sich das nun wirklich viel kleinere Wunder eines sich lösenden Knotens ereignet hätte? Der Wirt wird seine Sache schon recht gemacht haben, aber was vermag er gegen die Vorsehung?

Sollten Maria und Josef nun Diebe sein? O nein, sie hatten den Ochsen nicht losgebunden, sie hatten ihn auch nicht kommen heissen, ja sie hatten zuerst nicht einmal bemerkt, dass das grosse Tier hinter ihnen herlief. Erst draussen vor dem Dorf, als der Esel beharrlich seinen Kopf nach hinten drehte, wurde Josef die Bescherung bewusst. Aber da war es zu spät. Die Wehen setzten ein, und wer hätte da seine Frau verlassen?

Statt dass der Ochse nun über dem Feuer brutzelte, gab es im Wirtshaus lange Gesichter. Der Wirt griff auf die geräucherten Würste zurück, aber die wollten den Gästen nicht recht schmecken, denn schliesslich hatte er selbst von einem saftigen Braten gesprochen. Da war nun die geweihte Nacht draussen im Stall – und drinnen gab es keinen Weihnachtsschmaus.

So hatte die Geburt des Erlösers dem Ochsen das Leben gerettet. Das Tier hatte dumpf begriffen, und mit seinen grossen Augen blickte es auf den kleinen Knaben. Und behutsam leckte es mit seiner rauen Zunge über das kleine Köpfchen, bis Maria das Tier zwischen den Hörnern kraulte.

So muss es gewesen sein. Denn alles andere vermag nicht einzuleuchten. – Wie aber ging es weiter, wollen nun die Kinder wissen. Ach, diese Kinder. Kann man denn nicht bei Weihnachten bleiben, jetzt, wo es so schön ist? Und woher sollte ich es wissen, wenn gar die Maler es nicht zu malen vermögen? Auf der Flucht nach Ägypten war er nicht dabei, der Ochse. Ist er im Stall geblieben? Haben ihn die Könige ins Morgenland mitgenommen – oder gar die bösen Knechte des eifersüchtigen Herodes?

Ich weiss es wirklich nicht. Aber eine Ahnung habe ich. Nachdem der Ochse allein im Stall zurückgeblieben war und auf das Gold und den Weihrauch und die Myrrhe blickte, die von Josef nicht mitgenommen worden waren, mussten die Hirten erneut gekommen sein. Sie wollten noch einmal den Heiland sehen. Aber die Krippe war leer, der Esel verschwunden und die Familie gegangen. Doch wie staunten sie, als sie im Stroh die Schätze sahen und auch den Ochsen, der niemandem gehörte.

Nun, keine Angst, die Hirten schlachteten das grosse Tier nicht. Der Ochse, dessen Zunge den Heiland geleckt – der jüngste der Hirten hatte es beim ersten Besuch genau gesehen –, der war ihnen heilig. Er und sie, zusammen kannten sie das weihnachtliche Geheimnis. Und wenn sie auf ihren Schalmeien spielten und der Ochse aus tiefer Brust muhte, dann tönte das so, dass sich selbst die Engel freuten, die längst schon auf ihrem Weg zurück in den Himmel waren.

Ist es nicht so gewesen?

DER JESUS
IST WEG

«Jesses, der Jesus ist weg!» Frau Lohse stützte sich auf ihren Besen und traute ihren Augen kaum. Aber es stimmte: Der Jesus war weg. Nun putzte sie schon zwanzig Jahre die Kirche, aber so etwas war noch nie passiert. Und dabei hatte sich Schwester Martha solche Mühe gegeben beim Aufstellen der Krippenfiguren. Schön war es geworden, «noch schöner als in früheren Jahren», wie die Leute jedes Jahr sagten. Und das Jesuskind hatte so friedlich in der Krippe gelegen, geliebt von der Maria, bewundert von den Hirten, verehrt von den Heiligen Drei Königen und beschützt vom Josef! Frau Lohse schüttelte den Kopf und sagte noch einmal, da sie es selbst kaum glauben konnte: «Der Jesus ist weg!» Aber da nützte nun alles Reden nichts. In vier Tagen war Heiligabend, und da musste gehandelt werden. Also liess Frau Lohse Eimer und Besen in der Kirche stehen und rannte zum Pfarrer. – «Herr Pfarrer, der Jesus ist weg!» Und sie berichtete unter Schnaufen vom schrecklichen Unglück in der Kirche. «Und in vier Tagen ist Heiligabend, wenn all die Leute kommen!» Der Pfarrer war nicht aus der

Ruhe zu bringen: «Dann wird man eben einen neuen machen müssen!», meinte er, und nichts hinderte ihn daran, sich dem Rauch seiner Pfeife hinzugeben. Es gab Schlimmeres, als den Jesus zu stehlen. – «Aber es bleiben nur vier Tage Zeit!», jammerte Frau Lohse. – «Lassen Sie mich nur machen!» – So liess Frau Lohse die Sache in den Händen ihres Pfarrers und kehrte zu Eimer und Besen zurück und vergewisserte sich, ob der Jesus immer noch fehlte. Kein Zweifel: Er war weg.

Noch bevor seine Pfeife ausgegangen war, kam dem Pfarrer der hilfreiche Gedanke. Er nahm seinen Mantel und ging auf die Strasse. Er hatte ja ohnehin in diesen Tagen den alten Lehrer Weidmann besuchen wollen.

Der Weidmann! Für den war die kommende Weihnacht eine schwere Zeit. Seit zehn Jahren lebte der ebenso geliebte wie gefürchtete Lehrer Weidmann im Ruhestand. Im Keller seines Häuschens hatte er sich eine Werkstatt eingerichtet mit einer Hobelbank, und wunderbare Sachen waren entstanden unter seinen Händen, zur Freude seiner lieben Frau. Aber nun war vor ein paar Monaten Frau Weidmann gestorben, plötzlich und unerwartet, und der alte Lehrer hatte seine Lebensfreude verloren. Im Dorf hatte man Angst um ihn. Und der alte Weidmann war merkwürdig geworden, schweigsam und mürrisch. Oder, wie es Frau Lohse einmal dem Pfarrer gegenüber ausdrückte: «Ich glaube, der Weidmann spinnt, der Arme!»

«Was willst denn du bei mir?», so begrüsste der Lehrer seinen Pfarrer. – «Eine Bestellung aufgeben!» – «Was?» – «Ja, ich brauche einen Jesus für die Kirche; er ist gestohlen worden, und in vier Tagen ist Heiligabend. Da dachte ich, du könntest einen neuen machen.» – Der alte Weidmann war kein Kirchgänger; er mochte es nicht, wenn andere ihn in Sachen Religion belehren wollten. Aber der Gedanke, einen Jesus zu machen, packte ihn. Er dachte an das Holz in seiner Werkstatt – seit Wochen hatte er sie nicht mehr betreten – und er dachte an seine Frau. Es schien ihm, sie nicke ihm freundlich zu: «Mach's doch, mir zuliebe!» – Ach, seine Frau.

Der alte Mann war in Gedanken weit weg und er hörte gar nicht mehr, wie ihm der Pfarrer die Krippe beschrieb, Maria und Josef; er hörte nicht, wie der Pfarrer ihm riet, sich alles in der Kirche genau anzusehen. Er dachte nur an seine ihm zunickende Frau und an den Jesus, den er machen würde, schaffen würde aus seinem Herzen, das voller Trauer und Verzweiflung war. – «Es ist eine Bestellung, lieber Weidmann! Kann ich in vier Tagen bei dir vorbeikommen und den Jesus abholen?» Der Lehrer erwachte aus seinen Gedanken. «Versprochen!», sagte er, und fest drückte er dem Pfarrer die Hand. Vergnügt stiegen die Rauchwölklein auf, die der Pfarrer auf dem Heimweg seiner Pfeife entlockte. «Hab Dank, du Jesus-Dieb!», sagte er leise vor sich hin.

Natürlich konnte Frau Lohse ihren Mund nicht halten. So erfuhr doch eine Reihe von Leuten die schreckliche Nachricht: «Der Jesus ist weg!» Aber offenbar fanden das die Leute nun doch nicht so schrecklich wie Frau Lohse. Jedenfalls lief die Nachricht nicht weiter, und kaum einer kam in die Kirche, um sich zu vergewissern, ob es stimme, was er gehört hatte. Nur Schwester Martha stand sorgenvoll vor der Krippe und wollte es nicht verstehen, dass jemand in ihrem Dorf sich am Jesus vergreifen konnte. Aber der Pfarrer hatte ja versprochen, dass bis zum Heiligabend alles wieder in Ordnung sei.

Am Morgen des Heiligabends machte sich der Pfarrer auf zum Häuschen des alten Lehrers. – «Komm», sagte der Lehrer, «komm mit in die Werkstatt!» – Und sie stiegen die Treppe hinunter. – «Weisst du, ich habe mein ganzes Herz da hineingegeben, und mir war, meine Frau hätte mir stets über die Schulter geguckt.» – Der Lehrer öffnete die Werkstatt, und da stand der Jesus. Ja, er stand! Ein vom Schmerz gezeichneter Mensch stand da, gebeugt, das Kreuz auf seiner Schulter: Jesus auf dem Weg nach Golgota! Und es war der Morgen des Heiligabends. «Aber Weidmann, das ist ja …», begann der Pfarrer, doch dann schaute er dem Lehrer in die Augen. Er konnte den Satz unmöglich fertig sprechen. Denn in den Augen des alten Mannes standen Tränen; sein ganzes Herz hatte er in diesen Jesus gelegt. «Aber Weidmann, das ist ja … ein ganz eindrückliches Werk. Ich danke dir, und ich werde es in die Kirche stellen!» – «So, du kannst ihn also brauchen, den Jesus – dann soll's mich freuen. Jedenfalls wäre meine Frau erfreut.» – Der Pfarrer dachte: Ach, mein guter Weidmann, wenn du wüsstest, was deine Frau jetzt sagen würde! Und sorgfältig nahm er den Jesus unter den Arm und stapfte heimwärts. Diesmal vergass er, die Pfeife anzuzünden. Wie sollte er das Schwester Martha erklären? Und erst noch Frau Lohse? Der Weidmann – er spinnt wohl wirklich, der Arme!

Der Pfarrer betrat die Kirche; es roch nach Sauberkeit. Frau Lohse hatte schon gewirkt, nur der Eimer stand noch da. Mit seinem Jesus unter dem Arm ging er zur Krippe. Da standen sie, all die Figuren, und warteten auf das Kind, das dort hätte liegen sollen, wohin aller Augen schauten. Und der Pfarrer hielt eincn grossen Jesus in Händen. Einen Jesus, der noch viel grösser war als alle andern Figuren, doppelt so gross wie der Josef. Er stellte den Jesus hin, und diesmal war er es, der den Kopf schüttelte. «Das wird schwierig sein!», murmelte er. Aber schwierig war es ja auch für Maria geworden damals, und auch für das Kind in der Krippe, und wohl auch für die Hirten und Könige, die sich alles anders vorgestellt haben mochten.

Und der Pfarrer bemerkte verwundert, wie allmählich in seinem Herzen eine ganze Predigt entstand, eine Predigt, nur weil der Jesus auf dem Weg nach Golgota sich nach Betlehem verirrt hatte. «Der bleibt hier!», sagte der Pfarrer, und er stopfte sich seine Pfeife, obwohl Frau Lohse das in der Kirche gar nicht gerne sah. Die Gemeinde hätte es riechen können. – Aber jetzt hatte der Pfarrer seiner Gemeinde noch anderes zuzumuten.

Er ging in sein Haus zurück; er musste mit Schwester Martha sprechen, unbedingt. Doch da klingelte es Sturm an seiner Tür. Frau Lohse stand draussen. «Herr Pfarrer, der Jesus ist falsch! Haben Sie das gesehen, da steht plötzlich einer mit dem Kreuz vor der Krippe. Der ist doch kein Kind mehr, den kann man doch nicht ins Stroh legen. Der passt doch nicht zum Heiligabend, und erst noch so gross! Ich wollte vorhin den Eimer wegstellen, und da hab ich den Jesus gesehen. Ich dachte, ich spinne. Was machen wir jetzt, Herr Pfarrer?» Der Pfarrer blies eine dicke Wolke in die Luft und sagte: «Lassen Sie mich nur machen, Frau Lohse, das hat alles seine Richtigkeit.» – Frau Lohse schüttelte den Kopf; was würde erst Schwester Martha sagen?

Ja, Schwester Martha. Sie kannte die Kranken im Dorf, sie kannte die Familien, in denen gelitten wurde, und sie kannte den alten Weidmann. Und sie kannte auch ihren Pfarrer. Der Pfarrer hatte sie in die Kirche bestellt und ihr die ganze Geschichte erklärt. «Was machen wir nun mit den Figuren?», fragte der Pfarrer. – «Lassen Sie mich nur machen!», sagte die Schwester, und dem Pfarrer gefiel diese Antwort.

Schwester Martha liess den grossen Jesus ganz vorne stehen, so, als ob er wie von ferne an Betlehem vorbeizöge. Doch die andern Figuren drehte sie leicht: Maria und Josef starrten nicht mehr in die Krippe, sondern blickten zum Jesus dort draussen, als ob sie in die Zukunft schauten. Die Hirten wendete sie ganz, so dass es aussah, als liefen sie dem kreuztragenden Jesus entgegen, um ihm zu helfen. Und die Könige neigten sich stumm vor dem Kreuz. Das Licht aber, das über der Krippe befestigt war, leuchtete noch immer aus dem Stall Betlehems, so dass der kreuztragende Jesus im Vordergrund wie eine grosse Schattengestalt wirkte. Ein solches Krippenbild hatte es noch nie gegeben, in keinem der früheren Jahre. «So, Herr Pfarrer, den Rest werden Sie mit Ihrer Predigt machen müssen!» Der Pfarrer nickte. Die Schwester jedenfalls hatte verstanden.

Frau Lohse war nicht ruhig an diesem Abend. Was nützte die geputzte Kirche, wenn es mit dem Jesus nicht stimmte! Es war doch Heiligabend und nicht Karfreitag. Was werden bloss die Leute sagen! Das Dorf kam zur Kirche an Heiligabend. Es kamen die Familien, es kam der Doktor und sogar der Bäcker, es kamen die Einsamen, und – es kam sogar der alte Lehrer Weidmann. Die Kinder bestaunten den Weihnachtsbaum, dessen Kerzen Frau Lohses Mann Stück für Stück entzündete, und dann eilten sie – denn die Orgel hatte noch nicht begonnen – zur Krippe hin, um das Jesuskind anzuschauen. «Der Jesus ist weg!», sagten sie und erzählten es ihren Müttern und Vätern. «Das kann doch nicht sein», meinten diese, «er ist sicher im Stroh versteckt!» Und die Kinder zogen ihre Eltern aus den Bänken, um es ihnen zu zeigen. Und die Eltern sahen den grossen Jesus mit dem Kreuz und wussten das alles nicht recht zu deuten. Nur der alte Weidmann schaute voller Stolz auf seinen Jesus – das war ein Gefühl, das er in den letzten Wochen ganz vergessen hatte. Da vorne stand sein Jesus mit seinem Kreuz. Und wenn in Weidmanns Kopf die Frage sich melden wollte, ob denn dieser Jesus auch zu den Figuren dahinter passe, dann sagte ihm sein Herz, dass alles stimme. So begann die Orgel zu spielen, die Kinder setzten sich, und es wurde feierlich in der Kirche.

Doch jetzt, da das Orgelspiel sein Ende gefunden hatte, ging noch einmal die Kirchentür auf. Da stand eine Mutter mit ihrem Kind, beide recht atemlos. Das Mädchen löste sich von der Hand der Mutter, eilte mit schnellen Schritten durch den Kirchengang, zog aus einem Plastikbeutel den kleinen Jesus und legte ihn behutsam in die Krippe und sagte verlegen vor sich hin: «Es ist doch, weil

… der Jesus kommt doch erst heute Nacht auf die Welt.»
Und dann suchte das Mädchen den Platz an der Seite seiner Mutter, die mit hochrotem Kopf dastand, denn ihr Kind hatte ja immer bloss von einem wichtigen Geheimnis gesprochen und ihr keine Ruhe gelassen, bis sie sich zum Gottesdienst aufgemacht hatten.

Es ging ein Raunen durch die Kirche. Man schaute zur Mutter und zu dem Mädchen, man schaute zum Pfarrer und hin zur Krippe. Nur die Figuren blieben unbeweglich. Keine schaute hin auf das neugeborene Kind. Alle blickten sie auf den Mann mit dem Kreuz. Der Pfarrer kam in Schwierigkeiten. «Der Jesus ist weg!», so begann seine Predigt auf dem Papier. Aber nun war er wieder da. Zweimal sogar. Schwester Martha lächelte, und Frau Lohse wäre am liebsten aufgestanden, um den Mann mit dem Kreuz wegzustellen. Das Kind dachte an seinen Jesus, den es vier Tage in seinem Bettchen gehütet hatte, bis er auf die Welt kommen durfte. Der alte Weidmann spürte: «Mein Schmerz gehört auch zu diesem Weihnachtsfest!» Und der Pfarrer predigte in eindrücklichen Worten von dem Kind in der Krippe, das gross wurde, von der Hoffnung, die sich vertiefte, von der Liebe, die den Schmerz auf sich nahm. «Er hat es gut gemacht», sagte sich Schwester Martha am Schluss.

Und später am Abend sagte Herr Lohse zu seiner Frau: «Hast du gemerkt: Das Mädchen, es sah aus wie ein Engel. Und es hat den Jesus gebracht.» «Hauptsache, der Jesus ist wieder da!», sagte Frau Lohse und überlegte sich schon, in welchem Schrank der grosse Mann von Golgota Platz finden würde – bis zum nächsten Heiligabend.

GEHEIMNISSE

Das war für Sophie immer am schönsten: Wenn am Abend die Mutter sich noch zu ihr aufs Bett setzte. Dann konnten sie reden miteinander – wie zwei Freundinnen, die Mutter und ihre siebenjährige Tochter. «Weisst du, ich habe nur einen Wunsch für Weihnachten, einen einzigen, aber dafür einen ganz grossen.» – «Ich weiss, Sophie, du hast es mir schon gesagt», seufzte die Mutter. – «Ja, aber ich muss es dem lieben Gott sagen, dass er es bestimmt nicht vergisst: Lieber, lieber Gott, ich wünsch' mir zu Weihnachten ein kleines Brüderchen. Und es soll Toni heissen!»

Die Mutter strich ihrem Mädchen durchs Haar. «Ach Sophie, wie oft soll ich dir das noch erklären? Seit der Papa im Himmel ist, können wir kein Brüderchen mehr haben. Wir hätten auch gar nicht Geld genug, um ihm das Essen zu kaufen.» – «Der Toni dürfte gern von meinem Essen haben, ich könnte alles mit ihm teilen. Vielleicht spricht der Papa mit dem lieben Gott und schickt uns das Brüderchen.» Ach, es war so schwierig manchmal, der kleinen Tochter alles verständlich zu machen. Was hatte es

Kraft gekostet – damals, vor gut drei Jahren, als der Mann im Krankenhaus so schnell wegstarb. Aber Frau Schlatter wollte nicht verzweifeln, sie hatte eine Aufgabe: Sophie brauchte sie.

«Was ist, warum sagst du nichts, Mama? Bist du traurig?» Sophie konnte so bekümmert dreinblicken, dass es einem ans Herz ging. «Nein, mein Liebes, wie sollte ich traurig sein, wenn ich dich habe, Sophie! Schlaf jetzt gut und denk an morgen!» – «Au ja, ich freue mich, Frau Hofstetter hat gesagt, wir gehen mit der ganzen Klasse in die Kirche. Dort wollen wir die Krippe anschauen mit Maria und Josef und dem Jesuskind. Frau Hofstetter ist eine liebe Lehrerin, nicht wahr, Mama, wie eine Grossmutter.» – «Schlaf jetzt und träum vom Jesuskind!» – «Und vom Toni!» – Mit einem herzlichen Kuss trennten sich Mutter und Tochter.

Es wurde den Erstklässlern feierlich zumute, als sie am nächsten Morgen nach der grossen Pause mit Frau Hofstetter in die Kirche gingen. «Nur leise sprechen!», hatte die Lehrerin gesagt. Und nun zeigte sie den Kindern all die Figuren, die mit so viel Liebe aufgestellt worden waren. Die Lehrerin erzählte von den Hirten, von den Königen, von Maria und Josef und natürlich von dem kleinen Jesus in der Krippe im Stall. Und alles war so nah vor Augen, dass die Kinder nur hinzuschauen brauchten.

«Eigentlich liegt der Jesus zu früh da», meinte der vorwitzige Konrad, «Weihnachten ist ja erst in vier Tagen!» – «Schlaumeier!», sagte die Lehrerin. «Aber weisst du, die Grossen sehen die Krippe mit dem Kind erst an Heiligabend, wenn sie zum Gottesdienst kommen. Das ist jetzt halt unser Geheimnis, dass wir wissen, dass das Kind schon da ist. Und die Grossen sehen es erst später.» Das machte den Kindern Spass; jetzt hatten sie ein Geheimnis. «Und ich will euch noch ein anderes Geheimnis verraten», fuhr Frau Hofstetter fort. «Ich muss jetzt dann zum Flughafen fahren; da hole ich meinen Sohn ab.» – «Was, Sie haben ein Kind, Frau Hofstetter? Wie heisst es?» Alle plauderten durcheinander. «Nein, kein Kind, mein Sohn, der Anton, ist ein erwachsener Mann. Und er hat in Amerika gelebt. Gestern hat er telefoniert, dass er zurückkommen will.» – «Warum will er zurückkommen? Hat er Längiziti nach Ihnen?» – «Nein, das ist eine traurige Geschichte. Seine Frau hat ihn verlassen.»

Oh je, das hätte Frau Hofstetter den Kindern eigentlich gar nicht erzählen wollen. Aber immer musste sie an ihren Sohn denken. Er hatte schlecht geklungen am Telefon. – «So, Kinder, das soll aber unser Geheimnis bleiben, das mit dem Anton», meinte die Lehrerin. «Wir hören heute etwas früher auf mit dem Unterricht, damit ich rechtzeitig am Flughafen bin. Mein Sohn soll nicht warten müssen.» Frau Hofstetter führte die Kinder zur Kirche hinaus und gab jedem zum Abschied die Hand. Von der Kirche aus würden die Kinder ihren Heimweg ohne Mühe finden.

Sophie, die sonst nicht schnell genug heimlaufen konnte, blieb vor der Kirche stehen. – «Kommst du nicht?», fragten die Freundinnen. – «Nein, nein, ich warte hier – auf die – Mutter», sagte Sophie. Zum Glück war ihr das eingefallen. Sie wollte doch den Freundinnen nicht erzählen, was sie wirklich vorhatte. Das sollte ihr Geheimnis bleiben. Vorhin, beim Anschauen der Krippe, war sie plötzlich auf die Idee gekommen: Sie wollte ganz allein in der Kirche beten, ganz fest beten, dass sie ein Brüderchen bekäme zu Weihnachten. Hier müsste sie doch der liebe Gott bestimmt hören.

So schlich Sophie, als alle Kameraden ausser Sicht waren, wieder hinein in die Kirche. Die Tür war schwer, und es war fast unheimlich in dem grossen Raum. Sophie eilte zur Krippe und blickte auf das Jesuskind. Es müsste sie doch verstehen, sie und ihren Wunsch. Und sie betete, betete ganz fest: «Lieber Gott, schick mir doch ein Brüderchen!» Sophie schien, das Jesuskind blicke sie so freundlich lächelnd an, als ob es ihr helfen würde. Ja, es würde ihr helfen, ganz bestimmt. Oh, sie würde ihr Brüderchen lieb haben, genau wie diesen Jesus. Und schüchtern berührte sie mit den Fingerspitzen den Kopf des lächelnden Kindes und strich ihm über das weiche Haar. Sie war ja allein in der Kirche, und es schaute niemand zu. Aber das war jetzt ihr ganz eigenes Geheimnis. Erst an Heiligabend würden die Leute kommen, hatte Frau Hofstetter gesagt ...

Ganz aufgeregt kam Sophie zu Hause an. «Mama, ich habe drei Geheimnisse, die ich dir nicht sagen darf. Zwei sind vom Jesus in der Kirche und das dritte vom Sohn der Frau Hofstetter.» – «Was sind denn das für Geheimnisse, Sophie?» – «Eben, dass ich es dir nicht sagen darf. Aber eines musst du mir versprechen: dass wir an Heiligabend in die Kirche gehen, wenn all die Grossen kommen.» War

Sophie überzeugt, dass sie dort ihr Brüderchen bekommen würde? «Versprichst du das, Mama?» Frau Schlatter hatte nichts dagegen; es mochte ihr über die schwierige Zeit von Weihnachten hinweghelfen. «Und was ist denn mit dem Sohn von Frau Hofstetter?» – «Der ist gekommen, weil, weil sich seine Frau verlaufen hat!», plauderte das kleine Mädchen. Es war so schwierig, gleich drei Geheimnisse auf einmal zu behalten. – Anton Hofstetter: Bilder tauchten auf aus früheren Zeiten, als sie noch zusammen zur Schule gingen im Dorf, der Sohn von Frau Hofstetter und die Mutter von Sophie, der schmale Anton und sie, die Regula mit dem langen Pferdeschwanz. Wer hätte damals gedacht, wohin das Leben sie alle führen würde! Frau Schlatter sah plötzlich all die Gesichter der Klassenkameraden. – «Woran denkst du, Mama?», wollte die kleine Sophie wissen. – «Ich denke an die Zeit, als ich noch eine Schülerin war.»

Nach dem Essen verschwand Sophie in ihr Zimmer und hatte lange dort zu tun. Doch am Abend wollte das Mädchen wissen, wie es denn damals war, damals, als die Mama noch zur Schule ging. Ob Frau Hofstetter auch schon Lehrerin gewesen sei, ob es auch schon eine Krippe in der Kirche gegeben habe. Die Mutter wunderte sich: Diesmal fehlte die Bitte um ein Brüderchen. Frau Schlatter hütete sich, auf den Toni zu sprechen zu kommen. Sie ahnte nicht, dass Sophie einen besseren Weg gefunden hatte. Sophie aber dachte beim Einschlafen nur an das lächelnde Gesicht des Jesuskindes. Sie wusste, dass sie ein Brüderchen bekommen würde.

Je näher das Weihnachtsfest kam, desto feierlicher wurde Sophie. Jedenfalls schien es der Mutter so. Länger als sonst blieb das Kind in seinem Zimmer, als könne es sich nicht sorgfältig genug anziehen. Drei Geheimnisse zu haben, macht einen schliesslich fast erwachsen. Und Sophie sass mit einer Miene am Tisch, als hinge von ihr ab, dass es Weihnachten würde. «Vergiss nicht, Mama, dass du mir versprochen hast, an Heiligabend zur Kirche zu gehen. Aber früh!» – «Ich weiss, Sophie», sagte die Mutter.

Als es dann aber Heiligabend wurde, dachte die Mutter, es wäre vielleicht doch besser gewesen, nicht auch noch den Kirchenbesuch einzuplanen. Denn das Kochen dauerte länger und auch das Essen, die Kerzen am kleinen Weihnachtsbaum mussten herunterbrennen, die Geschenke ausgepackt werden. Und immer ungeduldiger wurde das Kind. War es enttäuscht, weil kein Brüderchen gekommen war? «Mama, wir müssen zur Kirche. Es ist wichtig, ein grosses Geheimnis, wir dürfen nicht zu spät kommen!»

Endlich war alles erledigt. «Kommst du jetzt, Mama, es eilt!» – «Was hast du denn in diesem Plastiksack?», wollte die Mutter wissen. «Mein Geheimnis», antwortete die Tochter, und sie konnte gar nicht schnell genug gehen. Sie hatten die Glocken läuten hören, als sie in den kalten Abend hinauszogen, aber jetzt verstummten die Klänge. «Wir kommen zu spät», jammerte die Tochter. Und sie bekam Angst, das lächelnde Jesuskind könnte ihr ihren Wunsch verweigern – zur Strafe. Sophie zog ihre Mutter an der Hand und sie liefen beide. Die Strasse war leer. Atemlos öffnete das Mädchen die Kirchentür. Es war ganz still in der Kirche. Vorne leuchteten alle Kerzen des Weihnachtsbaumes, und Leute, unendlich viele Leute sassen da, so schien es Sophie. Und viele drehten den Kopf und schauten auf die Mutter und das Kind. Frau Schlatter errötete. Da löste sich Sophie von der Hand der Mutter und eilte durch den langen Kirchengang bis zur Krippe – und zog aus ihrem Plastikbeutel das Jesuskind und legte es behutsam auf das Stroh in der Krippe. «Es ist doch, weil: ... der Jesus kommt doch erst heute Nacht auf die Welt!», sagte Sophie verlegen vor sich hin. Und es war ihr, all die Figuren, Maria und Josef, die Hirten und selbst die Könige schauten sie fragend an; sie blickten zu ihr, nicht zum Kind in der Krippe. Aber zum Glück lächelte das Jesuskind nach wie vor, es lächelte wie in den letzten Tagen in den geheimen Stunden in ihrem Bett; es lächelte, und das tat dem Mädchen gut. Nun eilte Sophie zu ihrer Mutter zurück, die mit hochrotem Kopf dastand. Es schauten fast alle Leute zu ihr, und selbst der Pfarrer auf der Kanzel schien verwirrt.

«Regula!», rief da jemand. Ein Mann winkte die beiden zu sich. «Bist du's, Anton?», sagte Frau Schlatter. «Komm zu mir!», flüsterte Frau Hofstetter, und sie rückte zur Seite, so dass Sophie Platz fand. Sie konnte sich verstecken neben der geliebten Frau Hofstetter. Da sass sie gern. Und zur Linken, das war also der Sohn aus Amerika, neben den sich ihre Mutter gesetzt hatte. Verstohlen blickte Sophie ihn an. Aber der merkte es und fuhr Sophie lächelnd übers Haar. Irgendwie kam Sophie das Lächeln bekannt vor.

Der Pfarrer hielt eine lange Predigt. Sie war zu schwierig, als dass Sophie sie verstanden hätte. Vom Jesus sprach er, der zur Welt gekommen sei. Davon, dass alle Welt einen starken Mann erwartet habe, dass aber dann ein schwaches Kind gekommen, das dann zum Mann mit dem Kreuz herangewachsen sei. Von Hoffnungen sprach der Pfarrer, die ganz anders in Erfüllung gingen, als man erwartet hätte. Und die doch die Sehnsucht stillten. Nein, das war zu schwierig für das Kind. Sophie wartete auf ihren Toni, derweil sie mit ihrer Mutter neben Anton sass. Sie musste lernen, dass der liebe Gott sich Zeit nahm, wenn er die Gebete der Menschen erhörte.

Als der Gottesdienst zu Ende war, fragte Frau Hofstetter: «Wollt ihr beiden nicht noch auf einen Sprung zu uns kommen? Wir könnten noch ein Stück Kuchen essen und ein bisschen plaudern.» – «O ja, kommt doch!», meinte Anton. Und da hatte Frau Schlatter nun wirklich nichts dagegen.

Sophie allerdings schlief bald ein auf dem Sofa von Frau Hofstetter. Sie träumte von dem lächelnden Jesuskind, das sie vier Tage lang als ihr grosses Geheimnis gehütet hatte. Und sie schlief, als der liebe Gott sich behutsam daran machte, die Fäden zu knüpfen, um einmal dem kleinen Mädchen seinen Wunsch zu erfüllen. Aber das war *sein* Geheimnis.

NICHT ALLE ENGEL KÖNNEN SINGEN

Eigentlich hätten die Engel in der Heiligen Nacht singen sollen. Das hatten sie geübt, denn auch Engel können nicht auf Anhieb einfach alles. Nicht bloss Maria musste sich auf die Geburt des Erlösers vorbereiten, auch im Himmel war manches in Bewegung geraten, denn solches war noch nie geschehen, dass Gott den Menschen so nahe kommen wollte. Der Erzengel Gabriel hatte es übernommen, den Himmel auf das Ereignis einzustimmen und den Einsatz aller Engel zu leiten. Das Ausrichten der wichtigsten Botschaften hatte er gleich selbst an die Hand genommen. So war er bei Maria gewesen.

Aber für den Augenblick, da das Kind tatsächlich das Licht der Welt erblicken würde, brauchte es etwas Grösseres. Bei der Kundgabe an die ersten Menschen sollte der Chor des himmlischen Heeres über die weiten Felder Betlehems ertönen. Sichtbar sollten die anderen Engel erst werden, nachdem Gabriel selbst den Hirten die Botschaft ausgerichtet hätte. Hirten waren abgebrühte Gesellen, denen nicht so schnell etwas Eindruck machte. Also brauchte es schon eine besondere Anstrengung. Gabriel wusste, wie er die Hirten mit einem himmlischen Lichtglanz umgeben konnte: Das wäre schon mal ein guter Anfang. Wenn aber dann die ganze Menge des himmlischen Heeres wie aus dem Nichts erscheinen und in tosendem Chor das «Ehre sei Gott» singen würde, dann müsste das die Hirten vollends überzeugen, dass nun wirklich etwas ganz Ausserordentliches geschehen sei. Da ein jeder Engel jederzeit vermag, sich den Menschen sichtbar oder unsichtbar zu machen, musste nur darauf geachtet werden, dass es bei allen im selben Moment geschah. – Nun, die Engel hatten neun Monate Zeit, alles einzuüben.

Die meisten Menschen sind überzeugt, dass es dann in jener Heiligen Nacht auch geklappt habe. Schliesslich haben sich die Hirten ja auch beeindruckt aufgemacht und haben das Kind in der Krippe aufgesucht. – Es ist wahr: Bei den Hirten ging alles auf. Und trotzdem ging es anders vonstatten, als es ursprünglich geplant war. Man lese nur die Schilderung im Lukasevangelium genau. Wieso denken die Menschen immer, die Engel hätten auf den Feldern das «Ehre sei Gott» *gesungen*? Von Singen weiss Lukas nichts. Nach ihm haben die Engel zwar Gott gelobt, aber das «Ehre sei Gott» bloss gesprochen. Man kann sich vorstellen, dass ein Sprechchor lange nicht so eindrücklich ist wie ein Chorgesang. So wird die Frage erlaubt sein, wie es gekommen ist, dass Gabriel auf das Singen schliesslich verzichtet hat.

Vieles spricht dafür, dass der Erzengel Gabriel von der Qualität des Gesangs nicht überzeugt war, und das trotz

der neunmonatigen Übungszeit. Wahrscheinlich war es ohnehin sehr schwierig, so viele Engel unter einen Hut zu bringen. Und wenn auch die Serafim dabei gewesen sein sollten, muss es für Gabriel eine besondere Kunst gewesen sein, sie davon abzubringen, stets in ihr beliebtes «Heilig, heilig, heilig» abzugleiten. Diesmal war wirklich ein anderer Text an der Reihe. Nehmen wir aber an, das sei alles gelungen. Denn Gabriel hatte eine enorme Überzeugungskraft. Und Weihnachten war nun ganz seine Sache.

Etwas aber muss ihm misslungen sein. Ich bin überzeugt, dass das an einem ganz und gar unbelehrbaren Engel gelegen hat. Es soll ja auch Menschen geben, die einfach unmusikalisch sind. Das ist nicht weiter schlimm, solange sie nicht in einem Chor mitzusingen versuchen. Dieser unbelehrbare Engel aber wird so voll wie nur möglich gesungen haben, aber leider völlig falsch. Man stelle sich vor, wenn alle Stimmen sich zur «Höhe» aufschwingen, wo für Gott die Ehre sei, und statt dass es herrlich leuchtend oben klingt, kommt eine schrille Dissonanz heraus, die Gott selbst aus dem Himmel vertriebe. Oder man stelle sich vor, alle Engel schwelgten im harmonischen «Wohlgefallen», das den Menschen gelten solle, aber einer singt so daneben, dass nur Missfallen möglich ist. – Nein, es ging einfach nicht.

Warum hat dann Gabriel diesem unmusikalischen Engel nicht bedeutet, während des Auftritts vor den Hirten einfach zu schweigen oder gar im Himmel zu bleiben? Das ist schwer zu sagen. Wahrscheinlich war der Engel so erfüllt von einer Weihnachtsfreude und so überzeugt von sich selbst, dass er nie und nimmer verstanden hätte, wieso er jetzt da nicht dabei sein und seine – gewiss sehr laute – Stimme zu Ehren des Erlösers erklingen lassen durfte. Gabriel muss ein gutes Herz haben – wenn man so etwas bei einem Engel sagen darf. Er brachte es nicht über sich, den missklingenden Engel abzustellen. Und doch wollte er keinesfalls, dass der Auftritt des gewaltigen Chores zum Missklang würde. Vielleicht spielte er mit dem Gedanken, den Engel ganz hinten aufzustellen. Aber der Arme war wohl nicht besonders gross und er hätte gar keinen Hirten zu Gesicht bekommen, so dass das eine Riesenenttäuschung gewesen wäre.

So entschied der Engel Gabriel schweren Herzens, dass das «Ehre sei Gott» nicht gesungen, sondern bloss gesprochen würde. In seiner weisen Voraussicht sah er es kommen, dass in späterer Zeit Generationen von Menschen nachholen würden, was die Engel verpassten. Sie würden in immer neuen Melodien singen, was die Engel ihnen vorgesagt hatten. (Und sollten sich bei den Menschen einmal falsche Töne einschleichen, dann wäre das nichts als – menschlich; anders als bei den Engeln.)

Es ist gut möglich, dass die andern Engel ihrem unmusikalischen Gefährten zu verstehen gaben, dass sie nicht sonderlich begeistert waren von ihm. Auch in der Heiligen Nacht können solche Dinge geschehen, auch bei Engeln. Das verunsicherte den armen Engel. Er war ohnehin enttäuscht. Schliesslich hatte man von der grossartigen Geburt des Erlösers gesprochen, sie sogar den Hirten angekündigt, aber dann hatte Gabriel wieder den Befehl gegeben, in den Himmel aufzufahren. Dabei hätte unser Engel nun wirklich gern dieses Jesuskind auch gesehen, nicht bloss vom Himmel her, sondern von ganz nahe.

So scherte er beim Aufstieg zum Himmel aus. Die andern vermissten ihn nicht sonderlich, und Gabriel war bereits mit seinen Traumbotschaften an Josef und an die Heiligen Drei Könige beschäftigt. Unser Engel aber folgte unsichtbar den Hirten und kam zum Stall mit der Krippe. Das war nun nicht sehr folgsam, aber sein Herz trieb ihn dazu. Jetzt sah er dieses liebliche Kind, sah den besorgten Josef und die versonnene Maria, und er hörte die Hirten von den Engeln erzählen. Und da konnte es der gute Engel nicht lassen, nun doch aus vollem Halse und leider immer noch ganz falsch das «Ehre sei Gott» zu singen. – Dazu muss man wissen, dass die Stimme eines unsichtbaren Engels für die Menschen unhörbar bleibt, so merkten Maria und Josef zum Glück nichts von diesem Gesang.

Nur der Esel spitzte die Ohren und schüttelte unwillig sein Haupt, und der Ochse brummte ungeduldig. In der Krippe aber wachte das Kind auf und hörte hin; es verstand sich auf das Unhörbare. Und auf seinem Gesichtchen erschien ein Lachen ob der Töne, die in die Höhe und in die Tiefe purzelten. Die erfreuten Hirten dachten, das Kind lache ihretwegen, und Maria und Josef lachten und unser Engel war überglücklich. «Ich werde dich beschützen, mein liebes Kind!», flüsterte er und beschwingt entschwebte er in den Himmel.

Der Engel hat versucht, Wort zu halten. Er konnte nicht lassen von diesem Kind. Immer wieder hat er sich zur Erde aufgemacht und den Erlöser begleitet. Und das war nicht immer leicht. Doch wir wollen nur an das eine Mal erinnern, von dem auch der Evangelist Lukas berichtet. Das war viele Jahre später, damals im Garten Getsemani, als der Erlöser verzweifelt betete und auf sich zukommen sah, was an Schmerz und Leid auf ihn wartete. Da war der Engel bei ihm; er hat das Seufzen gehört. Doch wie sollte er trösten?

Vielleicht hat er noch einmal getan, was er bei der ersten Begegnung tat. Noch einmal sein Lied gesungen, fast zaghaft und nicht sehr laut. «Ehre sei Gott in der Höhe, Friede auf Erden und den Menschen ein Wohlgefallen!» Und jetzt, da die Welt so voller Misstöne war, jetzt sang er mit einem Male die Melodie so schön und harmonisch, dass es dem Erlöser gut tat. «Der Engel stärkte ihn», schreibt Lukas. War die Erinnerung an die frühere Zeit plötzlich da, an den Stall, an die Hirten, die sich über den Erlöser freuten und auf sein Werk warteten? Wir wissen es nicht. Die Angst kam wieder, der Schweiss. Aber der Engel war da, ganz nah, und er sang und gab Kraft. Auch in dieser Nacht.

DIE KERZE

Ich will raus hier!», schrie die kleine rote Kerze. Nein, bequem war es nicht gerade in der engen Packung, zusammengepfercht mit 39 andern roten Christbaumkerzen. «Ich will raus hier!» – aber es hörte sie niemand, und die andern Kerzen blieben stumm. Die hatten sich mit der Enge abgefunden.

Etwas musste aber doch geschehen sein. Lange war die Packung an Ort gelegen, aber jetzt wurde sie bewegt, irgendwohin getragen. «Reich mir fünf Kerzen!», sagte da eine tiefe Stimme. Und ratsch – ging die Packung auf, eine Hand griff nach der kleinen Kerze und noch nach vier andern und übergab sie dem Mann auf der Leiter. Das war der Sigrist der Kirche, der daran war, zusammen mit seiner Frau den grossen Weihnachtsbaum vorn in der Kirche zu schmücken. Rote Kugeln, grosse Strohsterne und rote Kerzen, befestigt mit einhängbaren Kerzenhaltern.

Ganz oben lehnte sich der Mann über die Leiter hinaus, um auf einem der höchsten Äste die kleine Kerze anzubringen. Daneben und darunter kamen die andern zu stehen. «Endlich!», seufzte die Kerze. War das toll! Von da oben konnte sie die ganze Kirche überblicken bis hin zur Empore mit der Orgel und auch zu den vielen Äste unter ihr, die sich langsam mit Kerzen füllten. Sie war die höchste, und der Mann auf der Leiter stieg immer wieder hinauf und hinunter.

Dann kamen noch die Kugeln und die Sterne, und der Baum wurde immer prächtiger. Zu dumm, die eine Kugel verdeckte jetzt plötzlich die halbe Sicht. Da hätte sich die Kerze ärgern können! Aber es gab noch genug zu sehen, die Kanzel, die Weihnachtskrippe vorne und die Bankreihen bei der Seitentür. – Da stand sie nun, unsere Kerze, hoch oben und ahnte, dass das alles auf einen ganz besonderen Höhepunkt hinführen müsse.

Sie hatte sich nicht getäuscht. Am Abend füllte sich die Kirche mit Menschen. Die Organistin übte die letzten Melodien und der Sigrist begann, von der Leiter aus mit langem Stab die einzelnen Kerzen anzuzünden. Wie das zu leuchten anfing! Unsere Kerze vermochte kaum zu warten, ja, so leuchten wollte auch sie. Jetzt brannten auch schon die Kerzen unter ihr, der Glanz der Lichter wurde immer stärker, und der Sigrist begann hinabzusteigen, Schritt um Schritt weiter hinab. Ja, was war das, sollte das möglich sein, hatte er sie einfach vergessen?

«He, ich bin auch noch da, ich will auch leuchten!», schrie sie. Aber wer hätte sie verstehen können? Die Kerze war wütend, vor allem wütend auf die dicke rote Kugel, die sie vor den Augen des Sigristen versteckt gehalten hatte.

Das elektrische Licht wurde ausgelöscht, der letzte Schlag der Glocke verklang, und die Orgel erfüllte die

Kirche mit weihnachtlicher Musik. Es war ein herrliches Bild und alle betrachteten versunken den Baum mit den vielen Kerzen. Nur die kleine Kerze ganz oben kam sich gar nicht herrlich vor.

Nun war es still geworden, eben wollte der Pfarrer beginnen. Da hörte man ein Mädchen bei der Seitentür zu seiner Mutter sagen: «Mami, der Mann hat eine Kerze vergessen, ganz oben, siehst du?» Das war dem Mädchen etwas laut herausgerutscht. Der Mutter war es peinlich. Der Sigrist lächelte, er wusste aus Erfahrung, dass jedes Jahr irgendein Schlauer eine nicht brennende Kerze entdeckte. Spähend guckten viele Augen nach oben und die kleine Kerze oben im Baum schämte sich: Alle guckten, nur, weil sie nicht brannte. Nackt kam sie sich vor und ausgestellt. Jetzt war sie froh um die Kugel, die sie vor den Blicken der meisten versteckte.

Das Mädchen wandte den Blick nicht von der Kerze und lehnte sich an seine Mutter. Sie hatten keinen Weihnachtsbaum zuhause. Mutter hatte es ihr erklärt. Es war ihr nicht ums Feiern zumut, weil Grossmutter schwer krank im Krankenhaus lag. Doch, ein Geschenk hatte das Mädchen bekommen, und ein paar Tannenzweige lagen auf dem Stubentisch. Aber richtig Weihnachten feiern, das mochte Mutter nicht dieses Jahr, denn Grossmutter konnte sterben in diesen Tagen. Nun war die Mutter mit ihrer Tochter zur Kirche gegangen, damit sie da doch einen Weihnachtsbaum sehen würden. Und jetzt guckte das Kind auf den leuchtenden Baum und guckte vor allem auf die nicht leuchtende Kerze.

Die Kerze sah, wie ihre Schwestern vor lauter Leuchten schmolzen. Aber sie hatten geleuchtet, sie hatten Licht gegeben. Und sie, sollte sie nicht leuchten dürfen? Es würde nicht mehr lustig sein, später in der Nacht so allein auf dem grossen Baum in der dunkeln Kirche. Keiner würde mehr kommen und das Licht entzünden, das in ihr steckte.

Es zog sich hin mit der Grossmutter und ihrer Krankheit. Schon vierzehn Tage waren vergangen seit Weihnachten. Die Mutter war mit ihrer Tochter einmal mehr auf dem Weg zum Krankenhaus, und sie kamen an der Kirche vorbei. Da stand die Tür offen. Das Mädchen wollte hinein, um nachzusehen, ob die Kerze immer noch da war, oben auf dem Ast. Der Sigrist stand auf der Leiter und war daran, den Schmuck von der Tanne zu nehmen und auch die Kerzenhalter. Das Mädchen nahm seinen ganzen Mut zusammen: «Eine Kerze hat nicht gebrannt, dürfte ich die haben, ich möchte sie meiner Grossmutter bringen. Die ist im Krankenhaus.» – «Ach, du bist das Mädchen von der Christnachtfeier,» – der Sigrist klang nicht unfreundlich – «natürlich kannst du die Kerze haben, warte, hier ist sie!» Und der Sigrist stieg die Leiter hinunter und drückte die rote Kerze dem Mädchen in die Hand. – «Vielen Dank!»

«Ooh!», die Kerze freute sich, nun wurde sie doch nicht achtlos weggeworfen; diese kleine Hand hatte etwas vor mit ihr. Die Mutter fragte, ob sie noch einen Zweig vom Baum abbrechen dürfe, und zusammen setzten sie ihren Weg zum Krankenhaus fort.

«Da, Grossmutter, da bekommst du die Kerze vom gros-

sen Weihnachtsbaum in der Kirche, die einzige, die nicht gebrannt hat. Der Mann hat sie vergessen, aber jetzt hat er sie mir gegeben: für dich!» Die kranke Grossmutter bewegte die Augen, sagen konnte sie kaum etwas. «Das ist schön,» dachte die Kerze, «jetzt kann ich ganz allein im Krankenzimmer leuchten für die kranke Frau; ich will ihr all mein Licht geben!» Und vergessen war die grosse Kirche, vergessen der Platz oben auf dem Baum. Hier in der Nähe, im Zimmer wollte sie leuchten.

Die Mutter legte den Tannenzweig hin und wollte die Kerze anzünden. Da öffnete sich die Tür: «Aber, aber, was fällt Ihnen ein, im Zimmer eine Kerze anzuzünden, haben Sie nicht gelesen, dass das verboten ist? Das ist viel zu gefährlich, und erst noch zusammen mit diesem vertrockneten Tannenzweig.» Die Krankenschwester war gekommen. Heute Morgen noch hatte sie den Zettel von der Tür entfernt, auf welchem der Hinweis wegen der Kerzen stand, denn Weihnachten war schliesslich vorbei. Und nun ging es doch wieder los. Der Mutter war es nirgendwo recht, und sie entschuldigte sich. Und das Mädchen war traurig.

Und wieder ärgerte sich unsere Kerze. Jetzt, da sie dringend gebraucht wurde, war es einfach verboten zu brennen. Die Grossmutter bewegte ihre Hand: «Da lassen!», flüsterte sie. – «Gut», meinte die Krankenschwester, «wir lassen die Kerze da, aber sie darf unter keinen Umständen angezündet werden!»

So stand denn die Kerze einfach da. Sie hatte Zeit, auf die Kranke zu blicken. Sie war da, wenn sie schlief, da, wenn sie schwer atmete, da auch, als die Schwester mit ihr betete. Und sie war da, als Grossmutter starb. Da, ohne dass sie hätte leuchten können. – Sie konnte nicht wissen, dass zuweilen, wenn die Grossmutter den Blick auf die Kerze gerichtet hatte, sie im Herzen einen riesigen Weihnachtsbaum hatte leuchten sehen.

Das Mädchen hatte sich eines ausbedungen. Beim Abschiedsgottesdienst in der Kirche sollte die Christbaumkerze vorne auf dem Abendmahlstisch angezündet werden. Schliesslich war sie dabei, als Grossmutter starb. Wie hätte da die Mutter widersprechen können.

So kam es, als die Menschen sich in der Kirche versammelten, dass der Sigrist vorne eine kleine rote Kerze anzündete; sie stand auf einem dürren Tannenzweig. Sie war die einzige Kerze in der grossen Kirche. Aber es ging ein tröstendes Licht von ihr aus. Der Pfarrer erzählte ihre Geschichte, und die Leute bewegte das. Und das Mädchen schaute und schaute. Die Kerze aber leuchtete mit aller Kraft und sie spürte: Es war gut gewesen, dass der Sigrist sie am Weihnachtsabend vergessen hatte. Der Ärger war verschwunden und sie leuchtete und leuchtete – und verschenkte sich gern.

«AU FÜR EUS, AU FÜR EUS RABESCHWARZI MOHRE»

Maja Furrer wusste, dass es an Weihnachten nicht mehr so war wie früher. Die beiden Kinder waren gross geworden und ausgezogen; sie gingen ihre eigenen Wege, erzählten wenig von dem, was sie beschäftigte. Sie brauchten ihre Mutter nicht mehr.

Aber einmal im Jahr zusammensein, einmal in der Weihnachtszeit, das müsste doch gehen. Es brauchte ja nicht unbedingt der 24. Dezember zu sein. Da ging der Sohn ohnehin immer Ski laufen mit ein paar Kollegen, und die Tochter hatte diesmal mit ihrem Freund über Weihnachten einen Flug gebucht nach den Kanarischen Inseln.

Aber vielleicht eine Woche vorher? Maja hatte zögernd zum Telefon gegriffen. «Ja, wenn es sein muss», meinte die Tochter. Und der Sohn versprach ausweichend, er wolle sehen, ob er Zeit habe. Die Mutter wusste: Ihn durfte sie nicht drängen, sonst kam er gar nicht. Ach, es war schwierig mit den beiden. Seit dem Tod des Vaters kamen Bruder und Schwester nicht mehr recht aus miteinander.

Wie es mit dem Vater und den beiden Kindern gestanden hatte, wusste Maja nicht genau, hatte sie sich doch schon vor fünfzehn Jahren von ihrem Mann getrennt; er hatte sie wegen einer Jüngeren sitzen lassen. – Ob das gut gehen würde, der Bruder und die Schwester mit ihrer Mutter zusammen? Nun, an ihr sollte es nicht fehlen.

Ein Mittagessen am Sonntag war ausgemacht. Maja kaufte in der Metzgerei ein feines Schweinsfilet, liess sich etwas Brät dazugeben: Filet im Teig; sie wusste von früher, wie das den Kindern geschmeckt hatte, als man noch zusammen Weihnachten feierte. Und etwas Lachs zur Vorspeise konnte nichts schaden. Dass ihr eine Schokoladenmousse immer geriet, wusste Maja. Also war die Nachspeise ein sicherer Trumpf. Den Tisch schmückte sie mit Kerzen. Und auch an ein Geschenk hatte sie gedacht – wenig originell, aber sie war sich nicht sicher bei den Kindern: eine bunte Krawatte für den Sohn und ein schönes Badetuch für die Tochter; sie würde es auf Gran Canaria brauchen können.

Etwas Musik sollte die beiden empfangen. So liess Maja ihre Lieblings-CD laufen: Weihnachtsmelodien aus aller Welt. Es war ein anstrengender Vormittag gewesen, aber nun war alles vorbereitet und sie freute sich auf die Zeit mit ihren grossen Kindern.

Die Tochter kam als Erste, nervös wie meistens, und zündete sich gleich eine Zigarette an. Wusste sie denn nicht mehr, dass die Mutter das nicht leiden konnte, jedenfalls nicht in der Stube? Aber Maja wollte nichts sagen an diesem Tag. «Nimmst du einen Schluck Weisswein?», fragte sie. – «Aber doch keinen Alkohol am Mittag, wo denkst du hin!», entsetzte sich die Tochter. So brachte Maja ein Glas Orangensaft und dachte besorgt an die warm gestellte Flasche Burgunder. Das Gespräch zwischen Mutter und Tochter war etwas stockend. Maja wollte nicht neugierig wirken, also wusste sie gar nicht, was sie fragen durfte.

Zum Glück kam bald der Sohn. «Das riecht ja schrecklich nach Rauch!», war seine Begrüssung. Kein Wunder, dass das die Schwester nicht heiter stimmte. Nein, er müsse noch Auto fahren, Wein trinke er nicht. Ihm sei es recht, wenn man sich gleich zum Essen setze, er habe ohnehin nicht viel Zeit. Arme Flasche Burgunder!

«Ich darf doch diese Musik ausschalten?», sagte der Sohn, und er drückte auf den Knopf. Ach, war Maja wieder naiv gewesen! In Sachen Musik hatten sie sich noch nie verstanden.

So brachte sie denn die Vorspeise: Lachs mit geschnittenen Zwiebelringen und Zitrone. «Ach Mutter, ich habe ja ganz vergessen, dir zu sagen, dass ich seit einigen Monaten vegetarisch esse: keinen Fisch und kein Fleisch», meinte jetzt die Tochter. Die Mutter dachte an das schöne Filet im Backofen und schluckte leer. Hätte sie doch gescheiter vorher gefragt, statt die Kinder überraschen zu wollen. Der Sohn war in der Zwischenzeit in die Küche gegangen, um Meerrettich zu suchen. Aber den zu kaufen hatte Maja vergessen. «Du weisst doch, Mutter, Lachs schmeckt mir viel besser mit etwas Meerrettichschaum.» Sie hätte es wissen sollen.

Während die beiden assen, steckte sich die Tochter noch einmal eine Zigarette an. «Lass das, du weisst, die Mutter mag es nicht!» – «Dann geh ich halt nach draussen.» – «Bleib nur!», sagte die Mutter. – «Soll ich denn den Lachs auf der Terrasse essen?», gab der Sohn zurück. Ach, konnte man denn nicht einmal in Frieden zusammen sein? Maja eilte in die Küche und war froh, dass sie sich am Filet zu schaffen machen konnte. Aber was sollte nun die Tochter essen? Genügte der Salat? Schnell schnitt sie noch ein paar Pilze rein. Nun musste sie aber wieder in die Stube, denn die Kinder sprachen nicht miteinander. – Doch, dem Sohn schmeckte das Filet wie in früheren Zeiten, und er wurde etwas friedlicher.

Die Tochter ass den Salat und legte die Pilzstückchen alle an den Tellerrand. «Ich habe übrigens beschlossen, dieses Jahr keine Weihnachtsgeschenke zu machen; und da will ich auch keine bekommen. Mir ist dieses Weihnachtsgetue zuwider. Und nur schenken, weil das alle machen, das mag ich nicht. Also bitte, Mama, keine Geschenke diesmal!» Das war typisch Tochter. Dabei hatte Maja sich sogar noch Mühe gegeben, das Badetuch hübsch einzupacken. «Auch kein Badetuch für die Ferien?», fragte sie. – «Wo denkst du hin, das kriege ich vom Hotel; ich darf ohnehin keine schwere Tasche mitnehmen im Flugzeug, da will ich nichts Unnötiges.»

«Dir wollte ich eigentlich eine Krawatte schenken», meinte Maja zögernd zum Sohn. – «Hoffentlich nicht; ich arbeite ja nicht auf der Bank. Und in der Freizeit trag ich sicher kein solches Ding. Diese Zeiten sind vorüber.» – Maja dachte: «Zum Glück habe ich die Geschenke im Schlafzimmer gelassen, so merken die Kinder nicht, dass

ich alles schon gekauft habe.» Es wollte aber auch wirklich nichts gelingen an diesem Sonntag.

So trug sie denn die Schokoladenmousse auf. Aber der Sohn war schon am Aufstehen. «Ich muss jetzt gehen; du weisst ja, dass ich kaum Zeit habe. Vielen Dank für das gute Filet.» – «Wichtigtuer!», zischte die Schwester, und die Mutter versuchte sich zu freuen, dass sich der Sohn wenigstens fürs Filet bedankt hatte. – «Also schöne Weihnacht allerseits» – und schon war er verschwunden.

«Mir wird immer so eng, wenn der da ist», sagte die Tochter und zündete sich die dritte Zigarette an. «Ich darf doch?» Die Mutter nickte und wollte die Mousse schöpfen. «Um Himmels willen: so viel Kalorien! Sieht mächtig gut aus, aber da muss ich passen. Höchstens ein Löffelchen zum Probieren. Das ist nichts für meine Linie.» – So blieb die Mousse kaum angerührt.

«Du hast es gut gemeint, Mutter. Aber weisst du: Trautes Familienglück nur, weil es Weihnachten wird, das liegt mir quer. Es ist besser, wir versuchen das künftig gar nicht mehr. Das kommt mir alles so verlogen vor. Mach dir nichts draus! Schaffst du den Abwasch selbst? Dann geh ich jetzt; ich muss schon bald mit Packen beginnen, für die Kanarischen.» Und mit einem Kuss war die Tochter weg.

Noch keine Stunde war vergangen, und schon sass Maja wieder allein im Zimmer. Etwas Frieden hatte sie machen wollen, etwas Weihnachten in ihren eigenen vier Wänden. Aber die Kinder wollten nicht. Wie weh das tat! Sie war allein, das spürte sie. Ihre Kinder brauchten ihre Weihnacht nicht. Dabei hatte sie es doch nur gut gemeint. Sie spürte, wie die ersten Tränen hochkommen wollten; schwarz sah es aus in ihr drin, rabenschwarz, und das ein paar Tage vor Weihnachten.

Sie hielt die Stille nicht aus und liess ihre CD wieder laufen. Da sangen Kinderstimmen, sie kannte die Melodien; früher hatten ihre eigenen Kinder sie gesungen. Die Trompeten schmetterten drei Töne: «Au für eus», und nochmals: «Au für eus». Sie kannte die Fortsetzung: «... au für eus rabeschwarzi Mohre wird de Heiland gebore.» Und statt der Tränen kam ihr ein Lachen, als sie sich erinnerte, wie sie ihre Tochter einst schwarz anmalen musste, weil diese unbedingt einen der Mohren spielen wollte in der «Zäller Wiehnacht». Maja begann, leise mitzusingen. Und das «Au für eus» liess sie nicht mehr los. Nicht, dass sie ein Mohr gewesen wäre, aber rabenschwarz sah es aus in ihrem Herzen, und es schien ihr, die Kinder sängen für sie.

Da meldete sich so etwas wie ein Trotz. «Dann soll eben Weihnachten für mich sein, wenn ich sie schon nicht für andere machen kann», sagte sich Maja, und sie stellte die Musik lauter, jetzt sollte kein Sohn sie daran hindern. Noch einmal liess sie das Stück laufen und laut sang sie mit: «Au für eus, au für eus rabeschwarzi Mohre!» Und schon kam sie sich gar nicht mehr so rabenschwarz traurig vor.

Jetzt setzte sie sich an den Tisch und schöpfte sich eine Riesenportion der Schokoladenmousse; das war nun echte Mohrenspeise und tat dem Herzen gut. Und noch etwas: Hatte wirklich die nervöse Tochter ihre Zigaretten vergessen? Das Päckchen lag da, auf dem Tisch, geöffnet. Maja wunderte sich über sich selbst: Zum ersten Mal zündete sie sich eine Zigarette an, und zufrieden blies sie den Rauch in die Kerze. Doch, sie wollte sich Weihnachten gönnen – ohne jeden Versuch, die Kinder zu beglücken. – Und die Geschenke?

Maja ging ins Schlafzimmer und packte die Krawatte aus und auch das schöne Badetuch. Sie glitt mit den Fingern darüber; es war so schön weich. Jetzt ist Weihnachten für mich, sagte sich Maja und eilte ins Badezimmer. Da nahm sie ein herrliches Bad zu den Melodien der CD und dann trocknete sie sich mit dem neuen Tuch: Das sollte nun ihr Geschenk sein.

O wie frisch sie sich fühlte, wie neugeboren! Es zog sie in die Stadt. Aber vorher hatte sie noch etwas anderes im Sinn. Sie machte den Umweg zum Friedhof und suchte das Grab ihres früheren Mannes. Da war sie noch nie gewesen; zu sehr hatte die Scheidung sie verletzt. Aber jetzt hatte sie eine Krawatte zu viel und ihr Sohn gehörte zu einer anderen Generation. «Schau, Walter, wir beide haben vieles falsch gemacht, und was ich jetzt tue, ist nicht vernünftig. Aber ich wünsch dir schöne Weihnachten, denn ich hab sie auch.» Und sie legte die neue Krawatte sorgfältig aufs Grab, rund um den Grabstein, lächelte verschmitzt und ging dann dem Bahnhof zu. Was sie machen wollte heute Abend, das wusste sie noch nicht. Aber es musste etwas Besonderes sein, etwas ganz für sie.

DIE DUMMEN
SCHAFE

Als die himmlischen Heerscharen den Hirten auf Betlehems Feldern erschienen waren, machten sich die Hirten auf zu schauen, wovon sie gehört hatten. So steht es in der Bibel. Was die Bibel verschweigt, ist aber, dass so die Schafe allein auf den Feldern zurückblieben. Denn die Hirten liefen zu schnell, als dass die Schafe mitgekommen wären.

Nun sind Schafe ja brave Tiere, und sie bleiben als Herde zusammen. Unser Herrgott, sagt man, hat sie auch nicht mit besonderer Intelligenz ausgestattet. So hat sie nicht einmal der himmlische Lichtglanz davon abgehalten, die würzigen Kräuter am Boden zu fressen. Sie brauchten keinen Erlöser, denn sie waren sich keiner Schuld bewusst.

Trotzdem sind aber nicht alle Schafe gleich. Da waren zwei in der Herde, nicht mehr ganz jung und doch noch nicht ganz erwachsen, die drängte es immer wieder hinaus aus der Herde. Schon oft hatten sie den Stock der Hirten zu spüren bekommen, der sie zurückbefahl. Diese zwei waren neugierig und auch – Gott sei's geklagt – etwas verfressen.

Nun muss man wissen, dass die Felder Betlehems nicht üppige Wiesen waren. Es gab hin und wieder ein Kräutlein, da und dort ein Blatt, aber von einem reich gedeckten Tisch, von grünen Auen konnte keine Rede sein. Das merkten unsere beiden Schafe denn auch trotz ihrer Jugend. Und es gelüstete sie nach Besserem.

War da nicht auf der anderen Seite der Felder eine herrliche Futterkrippe, in der einmal so wunderbar duftendes Heu gelegen hatte? Obwohl Schafe sich kaum an Vergangenes erinnern: Diese Krippe hatten sie nicht vergessen, nachdem sie einmal daran vorbeigegangen und davon genascht hatten, bevor der Stock der Hirten sie berührte.

Wie kann man auch: nach Heu sich sehnen, wenn die frischen Kräutlein vor einem aus dem Boden wuchsen! Aber im Heu duftete noch der ganze Sommer, und was jetzt auf den Feldern zu finden war, war eben doch allzu karg. Jedenfalls für unsere beiden verfressenen Schafe.

Und nach einem kurzen Mäh machten sie sich auf den Weg, weg von der Herde, ohne vom Stock zurückgeholt zu werden – auf den Weg zur Krippe. Wohlverstanden, nicht wegen des Erlösers, der dort zu finden war, sondern wegen des so verführerisch duftenden Heus.

In ihrer Dummheit hatten die beiden Schafe nicht bedacht, dass ihre Hirten ja vielleicht denselben Weg gegangen waren. So liefen sie just den Stöcken entgegen. Sie hatten wohl den Engeln gar nicht zugehört. Denn die Engel pflegten ja doch nur zu den Menschen zu sprechen. Es kam, wie es kommen musste: Die beiden Schafe liefen tatsächlich genau auf die Hirten zu, denn diese waren bereits auf dem Rückweg von dem, was sie gesehen hatten.

Da war ihnen der Stock sicher, das spürten die Schafe. Und sie duckten sich. Was sie aber gar nicht verstanden, war, dass die Hirten an ihnen vorbeieilten, als hätten sie sie nicht gesehen. Statt auf die Schafe zu achten, priesen und lobten die Hirten Gott für alles, was sie eben gesehen und gehört hatten. Wer kann da zugleich auf Schafe aufpassen? Da fühlten die Schafe bis in ihr Herz hinein, wie wohltuend solch ein Lobpreis war. Er liess die Stöcke vergessen. Nun war der Weg zur Krippe frei.

Da stand sie denn auch, am Ende des Feldes, aber – o weh – davor standen fremde Menschen, keine Hirten: ein Mann und eine Frau. Und hinter der Krippe – musste das sein? – hatten schon ein Ochs und ein Esel sich aufgestellt. Da stand es wohl schlecht um das duftende Heu.

Die meisten Schafe wären jetzt zurückgeschreckt. Aber man darf die Verfressenheit dieser zwei nicht unterschätzen. Sie konnten es nicht lassen weiterzugehen, Schritt für Schritt. Der Mann und die Frau blickten so freundlich und ein Stock war nicht zu sehen. Es war aber auch allerliebst, diese wolligen Tiere, die sich einfach von selbst der Krippe näherten. Das eine schneeweiss, das andere mit einem kecken schwarzen Wollknäuel zwischen den Ohren, inmitten der weissen Wolle. War das nicht eine Gnadenzeit, wenn selbst die Tiere zum Erlöser kommen wollten?

Aber leider wissen wir's besser. Nicht das Kind in der Krippe hatte sie gelockt, sondern das Heu. Im Gegenteil, jetzt, da die beiden nahe bei der Krippe standen, kritisch gemustert von Ochs und Esel, merkten sie zu ihrem Entsetzen, dass das Heu in der Krippe gar nicht zu sehen war. Da lag ein Kind und deckte mit seinen Windeln das ganze Heu zu. Nun waren sie so weit gelaufen, an den Stöcken der Hirten vorbei, und das Heu war von einem Menschenkind bedeckt. Das verdross die beiden Schafe. Und mit einem zornigen Bäh machten sie sich Luft. Als nun gar das Kindlein seine Augen auf sie richtete und es aussah, als wolle es lachen, da kamen sich die Schafe wirklich dumm vor.

Aber man täusche sich nicht, diese beiden Schafe hatten es dick hinter den Ohren. Sie kannten die Menschen bereits und wussten um deren Gefallen an ihrer Wolle. Es brauchte kein langes Bähen und schon legten sich beide Schafe eng aneinander angeschmiegt an die Seite der Krippe. Das sah nun wirklich rührend aus: dieser Wollknäuel gleich neben der Krippe. Zwischen den beiden wollenen Rücken entstand eine Mulde und – wie sich's die Schafe gedacht: Maria konnte nicht widerstehen. Mit zarter Hand nahm sie das Kind und legte es ins wollene Bett, legte es zwischen die Rücken der beiden Schafe. Dem Kindlein gefiel das: Es griff nach dem schwarzen Wollknäuel und liess sich wärmen von der Wärme der Schafe. Wer hat schon je ein solches Bett gehabt!

Jetzt war die Krippe frei und das Heu schaute heraus. Nun hätten die beiden Schafe aufstehen und ihr Heu fressen können. So hatten sie es sich vorgestellt. Aber nun lag der Erlöser weich gebettet zwischen ihren Rücken. Das war dumm. Aber es war eben auch schön. Es ging eine so

zarte Wärme aus von diesem Kindlein, das sie trugen, ein so friedliches Gefühl, dass sie beim besten Willen nicht hätten aufstehen und das Kind hinunterfallen lassen können. Und das Seltsamste war, dass sie sogar ihren Hunger vergassen, jedenfalls ihren verfressenen Hunger. Jetzt nährte sich ihre Seele, wenn man denn von einer Seele bei dummen Schafen reden kann. Jetzt nährte sich ihre Seele, und da konnte der Magen warten.

Nun muss ich leider gestehen, dass dieser schöne Moment nicht sehr lange dauerte. Schuld daran hat der Ochse. Als der vor sich so plötzlich das duftende Heu in der Krippe roch, konnte er nicht widerstehen und griff mit seiner mächtigen Zunge nach einem ganzen Bündel dieser würzigen Nahrung und kaute genüsslich. Das aber störte die beiden Schafe in ihrer Andacht. Und ihr Magen fing an zu knurren. Sie streckten ihre Hälse und das arme Kindlein wäre zwischen den Schafen zu Boden gefallen, wenn nicht die Mutter Maria nach ihm gegriffen hätte.

So war alles noch gut gegangen, und es wäre auch zu einem guten Ende gekommen, wenn nicht Maria das Kind wieder in die Futterkrippe gelegt hätte. Nun war das Heu zugedeckt wie zuvor. Arme, dumme Schafe! Was blieb ihnen, als sich auf den Weg zu machen zurück zu ihrer Herde. Ich will nicht verschweigen, dass sie einen Groll gegen den Ochsen hegten. Aber nicht gegen Maria. Denn sie spürten noch die zarte Wärme des Kindleins auf ihrem Rücken und das machte in dieser Nacht selbst die beiden Schafe glücklich. Sie scheuchten ihren Groll hinweg mit einem zufriedenen Mäh.

«SIEHE, ICH STEHE AN DER TÜR UND KLOPFE AN!»

Schon viele Jahre war Tanner Pfarrer in seinem Dorf. Und schon manches Mal hatte er Weihnachten gefeiert – mit den Sonntagschülern, mit den Erwachsenen. In all diesen Jahren hat er sich nie von einem bestimmten Gedanken abbringen lassen. War es erst nur eine mögliche Idee gewesen für ihn, so war sie ihm je länger desto mehr zu einer inneren Gewissheit geworden, die er selbst schon mehr als einmal von der Kanzel seinen Leuten gepredigt hatte: In den heiligen Tagen, so dachte Tanner, in den Tagen, da Christi Geburt gefeiert wird, komme Christus unerkannt in Gestalt irgendeines Menschen zu uns auf Erden, um zu sehen, ob wir ihn wirklich empfangen würden. Und – so dachte und sagte Tanner weiter – erst wenn mehrmals hintereinander die Menschen den unerkannten Christus wirklich aufgenommen hätten, erst dann würde er in seiner Herrlichkeit endgültig kommen. Tanner konnte das seiner Gemeinde eindrücklich ans Herz legen. Er wollte sicher sein, dass seine Leute ihr Haus aufmachten, wenn Christus käme.

Nun waren sie wieder da, diese heiligen Tage. Und das Dorf hatte sich schön darauf vorbereitet. Es glitzerte in den Schaufenstern, der Bäcker hatte silberne Engel über die Brote gehängt, und in der Metzgerei lachten einem die Schinken in der Weihnachtsverpackung entgegen. Sogar der Gasthof hatte brennende Kerzen auf die Fenstersimse gesteckt. Und die Sonntagschullehrerin hatte ein besonderes Krippenspiel mit ihren Kindern eingeübt.

Es war diesmal wirklich ein aussergewöhnliches Spiel. Maria und Josef sollten mit einem richtigen Esel durchs Dorf ziehen, der Kirche entgegen, in der die Krippe stand. Der Pfarrer hatte es übernommen, im Voraus mit der Wirtin zu reden. Sie war eine barsche Frau, tüchtig, wenn es galt, am späten Abend die «Überhöckler» aus der Gaststube zu treiben. Aber manche meinten, sie sei darin so tüchtig, dass es schon am frühen Abend die Gäste zur Wirtschaft hinaustreibe. Und wenn es noch einen zweiten Gasthof im Dorf gegeben hätte, wäre wohl ihre Stube meist leer gewesen.

Nun, für Tanners Vorhaben war sie die richtige Frau. Maria und Josef sollten auf ihrem Zug durchs Dorf bei der Wirtin anklopfen und um Unterkunft fragen. Sie aber sollte die beiden samt dem Esel abweisen: Solches Gesindel könne sie in ihrem Hause nicht gebrauchen. Da war nun die ganze Barschheit der Wirtin willkommen. Es kommt ja selten vor, dass man mit harten Worten der guten Sache einen Dienst erweisen kann. Jedenfalls war die Wirtin einverstanden, ihren Part zu spielen – zur grossen Erleichterung der Sonntagschullehrerin.

Es gelang auch vorzüglich. Der Esel bockte nicht, die Kinder folgten dem heiligen Paar. Und als der alte Josef – gespielt von einem jungen Schüler – ans Wirtshaus klopfte, kam die Wirtin heraus, und schimpfte und trieb das Paar die Strasse hinunter, als seien sie die unflätigsten Gäste, die sie je aus der Gaststube hinauszutreiben gehabt hätte. «Ganz die Wirtin!», meinten die Leute, und sie lachten; nur Maria schien zu weinen, und die kleinen Kinder dachten wirklich, die Wirtin sei doch eine böse Frau, und sie hatten vielleicht gar nicht so Unrecht.

In der Kirche ging das Fest dann weiter. Der Pfarrer sass bei der Tür, bediente die Lichtschalter und freute sich, wie gut die jungen Hirten ihre Rollen hersagten, und wartete auf die drei Könige, die bald kommen sollten.

Wovon in der Kirche niemand wusste, das war ein seltsames Nachspiel im Gasthof. Vom Bahnhof her war kurze Zeit nach Maria und Josef ein junger Mann zum Gasthaus unterwegs, keiner, den man im Dorf kannte, auch keiner, den man kennen lernen wollte. Unrasiert und unfrisiert, mit strähnigem Haar, eine zerschlissene Tasche unter dem Arm. Wer ihm nahe kam, musste bald einmal feststellen, dass er sich lange schon nicht mehr gewaschen hatte. Kurz: Es war kein appetitlicher Mensch. Offenbar trieb ihn der Hunger – und in Gasthäusern gibt es ja bekanntlich zu essen.

Jedenfalls trat er in die Gaststube, ging zur Theke, schaute der Wirtin treuherzig ins Gesicht und fragte, ob sie einen Teller Suppe oder so etwas für ihn habe. Es dürften ruhig auch Reste sein, doch Geld habe er leider

keines. Aber er würde gerne dafür etwas in der Küche arbeiten. Ein paar Männer sassen beim Bier und rümpften die Nase – kein Wunder, denn man roch den Landstreicher.

Da brauchte nun wirklich die Wirtin ihre Rolle nicht zu wechseln. Was ihm eigentlich einfalle, ihr gutes Haus aufzusuchen. Er sei doch jung und stark, wenn er wolle, könne er doch arbeiten und brauche nicht so herumzulungern; für ihn habe sie nichts übrig, und er solle schauen, dass er zur Gaststube hinauskomme, sonst werde sie ihm schon noch Beine machen. Sie habe bereits Maria und Josef weggejagt, aber er sei ja noch viel schlimmer.

Wo er denn hin solle, wollte der junge Mann wissen. Das sei ihr egal, er könne ja zur Kirche, da sei der Pfarrer, vielleicht wisse der weiter, aber: «Raus jetzt!» So war die Wirtin eben. Und die Biertrinker nickten beifällig. Durch einen Nichtsnutz wollten sie nicht gestört werden.

Nun zog der junge Mann halt weiter, dieselbe Strasse, die vor kurzem das heilige Paar mit all den Kindern entlanggegangen war. Und wirklich ging er zur Kirche und öffnete die Tür, und er hörte die strahlenden Engel singen – und vergass seinen Hunger.

Tanner sah den Landstreicher – und roch ihn bald genug. Wo er denn herkäme, flüsterte er. Von der Wirtin, sie habe ihm nichts geben wollen und zur Gaststube hinausgejagt. Deshalb sei er hierher gekommen. Ob er wieder gehen müsse.

Da platzte nun plötzlich das Leben mitten ins Krippenspiel. Sollte das Dorf in der Weihnachtszeit geprüft werden? Diese Wirtin: Hatte sie denn wirklich nichts gelernt, und das in der heiligen Zeit? Nein, der Fehler von Betlehem sollte sich nicht wiederholen. «Komm, du sollst ganz vorne sitzen!», sagte der Pfarrer. «Und nachher kommst du in meine Stube, und da gibt es eine warme Suppe.»

Tanner führte den jungen Mann zur vordersten Bank, während die Könige schon ihre Gaben dem Christkind darbrachten. Und die Gemeinde spürte, dass sie den ungebetenen Gast zu ertragen hatte, auch wenn er seinen eigenen Geruch in die Kirche brachte. «So ist es recht!», dachte Tanner und nahm wieder seinen Platz bei der Tür ein.

Da öffnete sich die Kirche erneut, und die Wirtin stand da. Ausgerechnet die! Sie wolle doch sehen, wie das Spiel zu Ende gehe, wenn sie schon mitgemacht habe. Die Serviertochter schaue inzwischen zu den Gästen. Aber sie geriet an den Falschen. Tanner konnte auch barsch sein. Und diesmal war er wirklich zornig. Was ihr denn einfalle, einen armen Gast einfach wegzuweisen, sie hätte von der Weihnachtsgeschichte rein gar nichts verstanden, und er wolle sie in der Kirche überhaupt nicht sehen. Sie solle zurück in ihre Gaststube und einmal darüber nachdenken, ob sie denn auch ein Herz habe, oder ob nur ein Stein zu finden sei, wo andere Menschen Gefühle hätten.

Wenn Tanner einmal zornig war, dann kam nicht einmal die Wirtin an gegen ihn. Schon hörte man die ersten Leute zischen; man verstand nicht mehr, was die Könige zum Kind sagten. Die Wirtin verliess das Gotteshaus – und die Feier konnte weitergehen.

Von all dem hatte der junge Mann nichts bemerkt. Zu sehr nahm ihn die Weihnachtsgeschichte gefangen. Waren es alte Erinnerungen, die in ihm hochstiegen? Jedenfalls, als dann die ganze Gemeinde mit lauter Stimme das «O du fröhliche» sang, hörte man auch ihn unsicher mitbrummen, und es waren nicht wenige, die sich an seiner Freude freuten.

Als alles vorbei war und Tanner den Hungrigen in sein Haus nehmen wollte, meinte der, er möchte doch gerne noch einmal zur Wirtin, um ihr zu danken für ihren guten Rat, die Kirche aufzusuchen. War er so friedlich gestimmt, oder wollte er ihr einfach zeigen, dass andere Menschen freundlicher zu ihm waren?

Dem Pfarrer war seine Bitte recht. Schliesslich konnte eine etwas ausführlichere Predigt nichts schaden. Der Wirtin gehörte wirklich einmal die Meinung gesagt. Also betraten die beiden die Gaststube, wo immer noch die Biertrinker sassen und erstaunt aufschauten.

Der Landstreicher brachte seinen Dank vor, ohne Anklage, ohne Spott, sondern vollkommen ehrlich gemeint. So sehr klang die Stimmung des Kripppenspiels in ihm nach. Das hinderte Tanner aber nicht, zu seiner Strafpredigt auszuholen: Er könne einfach nicht verstehen, wie sie, die Wirtin des Dorfes, so kaltherzig sein könne. Und dass sie dann ohne schlechtes Gewissen noch in die Kirche gelaufen käme, das schlage dem Fass den Boden aus. Sie wäre nun wirklich nicht die Person, den Heiland zu empfangen, wenn er wieder käme.

Die Wirtin horchte auf. Wovon er denn rede? Sie hätte doch einfach ihren Part gespielt. Und dann, ja dann habe sie halt diesen Landstreicher abgewiesen, aber zur Kirche sei sie nun wirklich nicht gekommen. Sie sei doch allein da heute Abend und könne ihre Gäste nicht im Stich lassen. Das sei nicht wahr, beharrte der Pfarrer, sie sei doch eben vorhin zur Kirche gekommen und er habe sie rausgeschickt. Davon wisse sie nichts, beteuerte die Wirtin. Und auch alle Gäste meinten, das müsse ein Irrtum sein, die Wirtin sei in der letzten Stunde immer in der Gaststube gewesen.

Der Landstreicher begriff nicht, worum der Streit ging, und er hätte gerne seine Suppe gehabt. Aber der Pfarrer wurde still. Etwas Unheimliches begann ihm zu dämmern. Unerkannt würde Christus anklopfen und schauen, ob man ihn hereinlasse. Wer hatte jetzt in seiner Empörung die Frau nicht zum Krippenspiel hereingelassen? Sollte wirklich in seinem Dorf geschehen sein, wovon er immer gepredigt hatte? Und war er selbst es, der einem schuldigen Menschen die Kirche verschlossen hatte, obwohl dieser einen Glanz des Krippenspiels hatte erhaschen wollen?

O Tanner, in seinem Eifer für die Gerechtigkeit hatte er ganz vergessen, dass der Erlöser wirklich für die schwierigen Menschen gekommen war. Beschämt zog der Pfarrer den Landstreicher hinaus und wusste nicht, was er sagen sollte. Nur eines spürte er: Noch war es nicht Zeit, dass Christus in seiner Herrlichkeit käme. Noch hatten die Menschen viel zu lernen, und er, der Tanner, besonders.

DIE NORDMANNSTANNE

Es waren natürlich die Spatzen, die das Geheimnis verraten mussten. Jedes Jahr war es dasselbe. Am Heiligen Abend flogen sie neugierig vor die Fenster der Häuser, an diesem einen Abend nur suchten sie nicht ihren schützenden Ort auf, vergassen Katzen und Eulen und schauten in die Stuben. Merkwürdig, dass es den Menschen noch nie aufgefallen war, wie es flatterte draussen vor dem Fenster im Dunkeln. «Tschilp, tschilp, tschalp!», tönte es dann. «Sieh, sieh da!», und die Spatzenmutter zeigte ihren erwachsenen Kindern den Weihnachtsbaum, wie er in schönstem Schmuck mit brennenden Kerzen dastand. «Aah, tschaalp», sagten dann die Kinder, die es zum ersten Mal sahen, und die Mutter zwitscherte vergnügt, wenn sie in die strahlenden Menschenkinderaugen blickte – doch, auch Menschen konnten lieb sein.

Und dann, am nächsten Morgen, flogen die Spatzen zu den noch nicht gefällten Tannenbäumen, zu den noch zu kleinen oder noch nicht erwünschten, und erzählten von dem, was sie gesehen hatten. War das ein Schwatzen! Die Bäume liessen sich nicht viel anmerken. Und doch, wenn der Wind durch die Äste strich, spürte man genau, dass sie bewegte, was ihnen die Spatzen erzählten. Das also war ihr Geheimnis, dass sie bestimmt waren dazu, einmal den schönsten Schmuck zu tragen und voll brennender Kerzen mitten in einer Stube zu stehen vor den leuchtenden Augen der Menschen. Nur ihnen, den Tannen, war ein solches Schicksal bestimmt.

Ein junger Spatz hatte sich auf die Nordmannstanne in der Ecke gesetzt und tschilpte und tschalpte. Er konnte in seiner Spatzensprache die Kugeln und Holzengel so herrlich beschreiben, dass die Tanne ganz ins Träumen kam. Oh, wie sie sich das wünschte: einmal in einer Weihnachtsstube stehen zu können und all den Schmuck zu tragen, die gläsernen Kugeln, in denen die Kerzen sich spiegelten, die vergoldeten Tannenzapfen und Nüsse, die lieblichen Engel und zuoberst auf der Spitze den goldenen Stern. Sie würde die ganze Last mit Freuden tragen, um im schönsten Augenblick ihres Lebens strahlen zu können und das «Aah» und «Ooh» aus den Kinderkehlen dankbar zu empfangen.

Allerdings wurde sie dann aus ihrem Traum gerissen, als der redselige Spatz zum Schluss seiner langen Rede etwas Garstiges auf die schöne Tanne fallen liess, das ganz gewiss nicht aus seinem Schnabel kam. Nun waren gleich drei Äste weiss bekleckert, und der Dreckspatz flog davon, als ob nichts geschehen wäre. –

Zum Glück gibt es den Regen. Jedenfalls war unsere Nordmannstanne frisch gewaschen, als der nächste Advent ins Land kam. Alle Bäume waren grösser geworden, sie hatten ihre Äste ausgestreckt und die schönsten Nadeln wachsen lassen, heimlich verglichen sie sich mit den andern und waren stolz auf ihre Gestalt.

Die Menschen kamen und wählten aus. Und dieses Jahr fielen die Augen einer Frau auch auf unsere Tanne. Diese musste es sein, denn ihr Wuchs war wundervoll. Der Spatz kam noch, um mit einem «Tschilp» Abschied zu nehmen, und hielt sich reinlich – was die Tanne nun doch erleichterte. Stolz war sie, dass sie auserwählt worden war, und sie wusste, dass ihre Äste stark genug waren, um die schönsten Kugeln zu tragen und auch Äpfel und Mandarinen. Und gespannt war sie, wohin diese Frau sie tragen würde.

Es war eine schöne Stube, die die Frau betrat. Im Erker vor dem Fenster war schon der Christbaumständer bereit, und nun half der Mann, die Nordmannstanne hineinzustellen. Der Sohn und die Tochter kamen, keine Kinder mehr, aber doch noch willens, mit ihren Eltern zusammen Weihnachten zu feiern. Die Tanne streckte ihre Äste aus, voller Erwartung der Herrlichkeiten, mit denen sie geschmückt werden sollte. Die Familie war sich einig, es war ein prächtiger Baum, so schön wie noch kaum einer.

Erst wurden die Kerzenhalter angesteckt mit roten Kerzen, die wunderbar zum Grün der Nadeln passten. Die Tochter hatte den Koffer mit dem Schmuck geöffnet, und da glitzerten nun die schönsten Kugeln, in einer Schachtel lagen die zierlich gefärbten Engelsfiguren, die Mutter hatte Silberfäden gekauft und der Vater hatte noch einmal ein paar neue Tannenzapfen versilbert. All das sollte nun an die Äste gehängt werden; ein freudiges Zittern ging durch

den ganzen Baum. Er wollte der schönste Weihnachtsbaum sein weit und breit, und die Spatzen sollten es sehen.

«Schaut einmal, wie schön diese Tanne aussieht mit ihren Kerzen!», sagte der Sohn und legte die Schachtel mit den Engeln aus der Hand. «Wisst ihr was: Lassen wir doch dieses Jahr all den Schmuck weg, das braucht es doch gar nicht, die Tanne selbst ist schön genug!»

Einen Moment wurde es still in der Stube. Und die Tanne bebte: Sollte sie ganz umsonst gewartet haben? Dann meinte die Mutter, das gehe wohl nicht, weil doch die Grosseltern noch kämen und die seien sich gewohnt, einen Baum mit Kugeln zu sehen; der Vater brummte, dass er sich doch extra Mühe gegeben habe, die Zapfen einzufärben. Die Schwester aber schaute bloss den Baum an und sagte: «Du hast Recht, der ist am schönsten so, wie er ist!» Und sie legte die Kugeln in den Koffer zurück. Schliesslich fügten sich die Eltern, denn irgendwie freute es sie doch, dass ihre Kinder sich für die Schönheit dieses Baumes begeistern konnten; man würde es den Grosseltern erklären können. Und weg wanderten die schönen Silberfäden, fort die goldenen und silbernen Zapfen und Nüsse, es schloss sich der Koffer mit den Kugeln, und auch die Engel blieben in der Schachtel.

Das war arg für unsern Baum. Nun war er über Jahre gewachsen auf diesen Moment hin, er hatte geträumt vom herrlichsten Schmuck, und jetzt sollte er gar nichts bekommen ausser den wenigen Kerzen. Und er schämte sich: Was würden die Spatzen erzählen! Die Geschichte vom Baum, der keinen Schmuck erhalten hatte ... Armselig kam er sich vor, so gar nicht weihnachtlich.

Die Menschen merkten es nicht. Sie entzündeten später die Kerzen, die Geschenke waren ausgelegt, und die Grosseltern betraten die Stube. Sie waren nicht vorbereitet gewesen. Und sie wunderten sich. «Wir wollten den Baum nicht vollhängen, seine Äste sind der schönste Schmuck, er gefiel uns so, wie er ist!», meinte der Enkel. Und die Grossmutter nickte: «Das ist ja ein herrliches Grün, und wie schön gewachsen die Zweige sind!» Der Grossvater meinte, die Jungen wollten eben immer etwas Besonderes. «Nein, eben nichts Besonderes, sondern den Baum einfach so, wie er ist, so ist er uns am liebsten!», widersprach die Enkelin.

Und der Baum? – Jetzt, da die Kerzen brannten und dabei die grünen Nadeln erleuchteten, jetzt ging langsam selbst der Nordmannstanne ein Licht auf. Nicht ihres Schmuckes wegen, nicht wegen all der schönen, reichen Dinge, die man an sie hängen konnte, liebten sie diese Menschen. Nein, ihretwegen. So, wie sie war, war sie diesen Menschen lieb, ohne Schmuck. Ohne Fäden, ohne Gold und Silber. Und langsam breitete sich in ihr eine tiefe Freude aus vom Stamm bis hinaus in all die grünen Zweigspitzen.

Als dann die Spatzen vor das Fenster flatterten und sehr verwundert in die Stube blickten, strahlte der geliebte Baum. «Tschalp, tschilp!», sangen die Spatzen, aber die Menschen hörten es nicht, und sie hätten auch nicht verstanden, was sie meinten.

Was ist noch zu berichten? – Ja, als langsam die Kerzen niederbrannten und die ersten schon erloschen, wurde es immer grüner, und schliesslich stand der Baum da, als hätte man ihn eben erst aus dem Wald geholt. Nun wurde die Tanne trotz allem unsicher: Was würden die Menschen jetzt sagen? Die Schwester schaute ihren Bruder an, der Vater räusperte sich. – Da nahm die Mutter neue Kerzen und steckte sie in die noch warmen Halter. Und das Rot der Kerzen kündete schon davon, dass am nächsten Abend noch einmal die Schönheit des Baumes im Kerzenlicht erstrahlen würde. Auf das Licht, das ihre eigenen Zweige erleuchten würde, freute sich die Nordmannstanne.

DER STERN VON BETLEHEM

Als die Zeit näher rückte, da das Christkind geboren werden sollte, gab es im Himmel etliches zu tun. Der Erzengel Gabriel war mit der Leitung aller Vorbereitungen betraut worden, und er plante mit Umsicht. Schön sollte es aussehen in Betlehem, wenn der Messias zur Welt käme. Ein Stern sollte leuchten über seiner Geburt, so dass die Menschen herkämen, dem Licht des Sternes folgend, und das Kind erleuchtet sehen würden.

Es war Gabriels Aufgabe, dafür einen der Sterne auszuwählen. Bei den Millionen von Sternen war das ein verantwortungsvoller Auftrag. Sollte es ein ganz grosser Stern sein? Aber das war gefährlich, nur zu leicht hätte er die Aufmerksamkeit auf sich selbst gezogen, statt sie dem Heiland zukommen zu lassen. Sollte es einer der kleinen sein? Aber dann wäre er leicht übersehen worden. Nun, Gabriel wählte einen mittleren Stern und erklärte ihm, worum es ging. Auch schärfte er ihm ein, dass zu Jerusalem der böse König Herodes nichts vom Leuchten sehen dürfe, es könnte sonst gefährlich werden.

Man wundert sich nicht, dass dieser Stern vor Freude hüpfte, als er von seiner Aufgabe erfuhr. Aber sicher, das wollte er mit all seiner Kraft tun: die Geburt des Erlösers erleuchten. Und das – er hatte es sich wohl gemerkt –, ohne den Kleinen zu blenden.

Ach, es ist nicht leicht, der Auserkorene zu sein unter so vielen Millionen. Man kann es dem Stern unmöglich übel nehmen, dass er sich stolz fühlte. Und neugierig war er natürlich auch. Oh, er wollte nicht am Himmel oben stehen bleiben und bloss mit seinen Strahlen auf die Erde hinunterleuchten. Nein, er wollte selbst vom Himmel herunterkommen, nahe zur Erde. Und das war für Sterne doch sehr ungewöhnlich. Aber schliesslich war es auch ungewöhnlich, was da zu geschehen sich vorbereitete, und ganz und gar ungewöhnlich auch, dass ausgerechnet er ausgewählt wurde.

Vielleicht hatte Gabriel in seinem Eifer alles zu früh in die Wege geleitet. Es zog sich ja noch hin bis zur Geburt, noch war nicht die Zeit des Leuchtens angebrochen. Eigentlich hätte unser Stern brav im Himmel bleiben müssen. Aber er wollte, er musste hinunter in die Nähe der Erde. Denn man kann ja nicht stillestehen, wenn einem so Grosses aufgetragen ist. Und der Stern hatte sich einen guten Grund ausgedacht, um zur Erde hinunterzugehen. Schliesslich, so sagte er sich, sollten nicht nur die Menschen aus Betlehem beim neu geborenen Christuskind sich versammeln, nein, auch aus der Fremde sollten sie kommen. Das aber brauchte Zeit, wenn sie nicht verspätet ankommen wollten. Er wusste, was er tun wollte. Er wollte reiche, weise Leute zu Jesus führen. Und die sollten sich verbeugen vor dem Kind, im Glanz des Sterns sollten sie sich verbeugen, damit alle Welt merkte, wer da zur Welt kam, alle ausser dem bösen König Herodes natürlich.

Für einen Stern wie den unsrigen ist es nun ein grosser Vorteil, dass er sich tagsüber bewegen kann, ohne dass es jemand sieht. Erst nachts leuchten die Sterne. So stahl sich der Stern eines Tages vom Himmel weg und senkte sich hinunter bis ins Morgenland. Und da funkelte und leuchtete er so unverschämt, dass es den Menschen auffallen musste, vor allem aber den sternkundigen Menschen. Davon gab es mindestens drei. Die studierten mit grossem Erstaunen die hüpfenden Bewegungen dieses nahen Sterns und sie wussten sie nicht anders zu deuten als: In der Richtung des Sterns musste etwas Grosses geschehen sein. Und in der Richtung des Sterns lag die römische Provinz Judäa. Da waren sich die Sterndeuter einig: In Judäa war ein neuer König im Kommen. So wollten sie die ersten sein, ihm zu huldigen. Und sie packten ihre Kamele und beluden sie mit Gold, mit Weihrauch und mit Myrrhe.

Nun hätte ja eigentlich der Stern, wenn er denn schon diese Idee hatte, die Weisen führen sollen, führen bis hin nach Betlehem. Aber da muss etwas dazwischen gekommen sein. Denn an den folgenden Tagen war der Stern für die Weisen verschwunden.

Hatte Gabriel den Vorwitzigen in den Himmel zurückbeordert? Nein, der Erzengel hatte keine Zeit, an den Stern zu denken, er war mit seinem Engelschor beschäftigt. Der Stern hatte aus eigenem Antrieb, aus Leichtsinn gar, das

Morgenland verlassen. Eigentlich aber war es seine Neugier. Er wollte doch wissen, wie die Mutter des Heilands aussah; so schwebte er am Tag hinüber nach Nazaret, von dem Gabriel gesprochen hatte. Und wirklich, da sah er am Abend, wie Maria und Josef sich aufmachten nach Betlehem. Er freute sich am Gesicht dieser jungen Frau, und der freundliche Josef gefiel ihm besonders. O ja, dieser Familie wollte er leuchten. Aber noch war nicht Weihnachten. Deshalb wählte er eine kleine Wolke und verbarg sich dahinter. So leuchtete sein von der Wolke gedämpftes Licht dem heiligen Paar, dass sie sogar in der Nacht nach Betlehem wandern konnten und sich wunderten, dass die Nacht so hell war. Aber es ging langsam mit den beiden, Maria war nicht sehr kräftig. Doch nie hätte sie ihren Josef allein ziehen lassen. Mit Liebe leuchtete der Stern und vergass die Weisen aus dem Morgenland.

Diese aber waren inzwischen in Judäa angekommen, etwas verwirrt, weil der Stern sich nicht mehr zeigte. Sollten sie sich getäuscht haben? Sie gingen nach Jerusalem, der Hauptstadt, und fragten sich durch, bis sie beim König waren. Aber der König wusste nichts von einem Nachfolger, und seine Weisen hatten keinen Stern gesehen. Dass einmal in Betlehem ein Messias geboren werden sollte, das konnten sie aus den heiligen Büchern herauslesen. Aber nirgends stand, wann das geschehen würde. – Was sollten sie nun, die Weisen, zurückkehren in ihr Land samt allen Schätzen? Sie wussten es nicht.

Inzwischen waren Maria und Josef in Betlehem angekommen, und da erinnerte sich unser Stern der Weisen. Er musste schon in die Höhe fahren, damit er sie in Jerusalem entdecken konnte. Ausgerechnet in Jerusalem! Dort wohnte doch der böse König Herodes, der nicht wissen durfte, dass der Messias zur Welt kam! Unserm Stern war das nirgends recht; jetzt hatte er eine schöne Bescherung angerichtet. Er fuhr hinunter zur Stadt Jerusalem und konnte kaum warten, bis es Nacht wurde, um den Weisen zu leuchten. Sie sollten schleunigst weg von hier, hin nach Betlehem. Die Weisen aber waren erleichtert, als sie den Stern wieder sahen, und folgten ihm gern.

Das war wiederum genau in dem Augenblick, als der Erlöser zur Welt gekommen war und die Geburt hätte erleuchtet werden sollen. Gabriel runzelte die Stirn: Wo war er nun, der Stern, da man ihn brauchte? Jetzt, da die Hirten auf dem Feld ihn hätten sehen sollen, um die Krippe zu finden? Ach, er war immer noch auf dem Weg von Jerusalem nach Betlehem. So bat der Erzengel den ganzen Engelschor statt des Sternes zu leuchten, und es entstand ein Lichtglanz, der die Hirten erschreckte. Und selbst die Sterne verblassten am Himmel.

Unserm Stern schwante, dass die Zeit der Geburt längst schon gekommen war, doch die Kamele der Sterndeuter waren nicht zu einem schnelleren Gang zu bewegen. So eilte der Stern in der Nacht so schnell voran, dass die armen Weisen ihn aus den Augen verloren. Sie wussten aber: Es ging nach Betlehem. Doch wo fand jetzt der Stern das Kind mit Maria und Josef? Es war schwierig, sie in der

Nacht zu entdecken, da der himmlische Engelschor längst wieder in den Himmel emporgefahren war, und auch von Gabriel fand sich keine Spur. Der Stern leuchtete über die Häuser, über die Gasthöfe und in die Synagogen. Endlich, draussen um eine Krippe versammelt, fand er die heilige Familie, und lauter Hirten standen um das Kind herum. Jetzt leuchtete unser Stern mit seinem Licht, und es war ein liebliches Bild. Aber es tat dem Stern bitter leid, dass der Heiland bloss in einer Krippe lag, und ihm schien, das Kind hätte bessere Gesellschaft verdient als Ochs und Esel. Was würden denn die reichen Weisen sagen, wenn sie den Messias da draussen im Stroh fänden? Das durfte nicht sein. Da war Gabriel sicher ein Fehler unterlaufen.

Nein, hier draussen würde das Kind sich erkälten. Doch was konnte der Stern tun? Nun, er leuchtete einem der Hirten, dem bestgekleideten, wie es dem Stern schien, so heftig ins Herz hinein, dass es dem Hirten ganz warm wurde. Nein, das wollte der Hirt nicht dulden, dass dieses Kind und seine Eltern draussen bei einer Krippe bleiben mussten. Er hatte ja sein kleines Haus in Betlehem, und da war gewiss noch eine Schlafstätte frei. So sprach er mit Josef, der besonnen war. Und der Stern freute sich, dass sein Leuchten Frucht gebracht hatte. Jedenfalls zogen in derselben Nacht Maria und Josef noch in der Eile um. Auf dem Esel liess Josef Maria mit dem Kind reiten und brachte sie von draussen hinein in das Haus; sie waren froh um die vier Wände und fühlten sich sicher vor Kälte und Regen. Noch einmal musste Josef hinaus, um die restlichen Dinge zu holen, die der Esel nicht alle hatte tragen können. Es war für alles höchste Zeit, denn die Weisen waren im Anmarsch, die Weisen, die überall nach dem Stern Ausschau hielten. Der aber stand über dem Haus des Hirten still und leuchtete mit seiner ganzen Kraft.

Jetzt erfüllte sich, was in der Bibel mit folgenden Worten beschrieben wird: «Als die Weisen aber den Stern sahen, wurden sie sehr hoch erfreut und gingen in das Haus hinein und sahen das Kindlein mit Maria, seiner Mutter.» – Jetzt endlich hatte der Stern alles zusammengeführt und er freute sich seines Leuchtens und strahlte erst recht. Und die Weisen warfen sich nieder und brachten ihre Gaben dar. Es war Weihnachten geworden.

Als der Stern dann am nächsten Morgen in den Himmel zurückschwebte, lächelnd über all das Gesehene und nicht ohne Stolz gegenüber allen andern Sternen, stand plötzlich Gabriel vor ihm. «Wie hast du denn unsere Weihnachtsgeschichte durcheinander gebracht!», sprach der Erzengel. «Wir wollten doch, dass Herodes nichts merkt von dieser Geburt, und nun lässt du deine Sterndeuter nach Jerusalem ziehen, dass sie alles dem bösen Tyrannen erzählen. Nun musste ich deinetwegen Josef im Traum erscheinen, dass er rechtzeitig hinweg von Betlehem flieht, denn ich erwarte nichts Gutes von Herodes.»

Der arme Stern – er mochte Gabriel gar nicht erklären, dass er die Weisen ja nicht nach Jerusalem geführt habe, sondern dass sie, weil er unbedingt hatte Maria sehen wollen, von sich aus nach der Hauptstadt sich gewandt hätten. Es war ihm nicht recht und er schämte sich, sein Stolz war verschwunden. Und still reihte er sich ein in die Schar der Millionen von Sternen.

Er hatte doch alles so gut machen wollen, und nun endete es in einer Flucht. Unser Stern hatte viele Jahre Zeit, um über das Geschehene nachzudenken. Er hatte gedacht, Gutes zu tun, und es war alles so falsch geraten. Man hat nie wieder von diesem Stern gehört; auf Erden ist er nicht mehr erschienen.

Doch damals, als unser Heiland in den Himmel auffuhr, hinauf durch alle Sterne bis hin zu den Erzengeln und hinauf zu seinem Vater, damals, als unser Heiland auffuhr, da ist er auch an unserm Stern vorbeigekommen. Freundlich hat er ihm zugenickt; er erinnerte sich seiner genau. Und er sprach die besonderen Worte: «Du gedachtest, mir Gutes zu tun, und Gott hat es nun wirklich zum Guten gewendet.» Das tat dem Stern im Herzen gut.

Geht hinaus zur Nacht und schaut in den Himmel: Ihr werdet unter den Millionen von Sternen den einen entdecken, der mit ganz besonderer Freude – aber ohne Stolz – am Himmelszelt leuchtet.

DIE
STÖRUNG

Einmal im Jahr leuchtete der Saal des Gasthauses in vorweihnachtlichem Glanz. Auf den Tischen brannten die Kerzen, Goldsterne waren über die Servietten verstreut, die grünen Tannenzweige dufteten: Alles war liebevoll vorbereitet. Das war die Arbeit des Frauenvereins, der zur Adventsfeier die älteren Bewohner der umliegenden Höfe eingeladen hatte. Voller Erwartung waren die Frauen und Männer gekommen und freuten sich nun auf den gemütlichen Nachmittag. Nicht alle hatten eine einfache Zeit zu Hause; es tat deshalb gut, in diesem Kreis einen Hauch von Weihnachten spüren zu können.

Eine Schulklasse hatte ein Singspiel eingeübt. Für die Lehrerin war es ein gutes Stück Arbeit gewesen, all die Kinder zu einem gemeinsamen Werk zu bringen, und nicht jede Stimme klang gleich rein. Aber das war nun den Alten gleich; sie schauten gern in die jungen Gesichter und hingen den Erinnerungen nach: wie es war, als ihre eigenen Kinder noch so klein waren und vor dem Weihnachtsbaum ihr Sprüchlein aufsagten.

Zur Erleichterung der angespannten Lehrerin ging alles gut vonstatten, und sie setzte sich in die vor dem Saal liegende Wirtsstube, wo die Wirtin den Kindern noch ein Glas Most einschenkte, denn die Kehlen waren durstig geworden. Und Most war jetzt begehrter als der Reisescheck, den die Vorsteherin des Frauenvereins der Lehrerin übergeben hatte.

Innen im Saal räusperte sich der Pfarrer, denn jetzt war seine Stunde gekommen. Er begann eine Weihnachtsgeschichte vorzulesen, und die betagten Zuhörer lehnten sich zurück und lauschten mit Andacht. Das war ein schöner Moment, man fühlte sich in seine Kindheit zurückversetzt, als man noch Geschichten von seiner Grossmutter erzählt bekommen hatte. Eine besondere Stimmung lag über dem ganzen Raum, und in den Herzen der Zuhörenden entstanden die Bilder von der Weihnachtsgeschichte: von den bösen Wirtsleuten, die sich in ihrem Betrieb nicht stören lassen wollten durch das junge Paar, das ein Kind erwartete, vom weiten Weg zum Stall, von den rauen Hirten und den himmlischen Engeln und auch von den drei Königen, die dem Kind ihre Gaben brachten. Es wurde immer weihnachtlicher und selbst der vorlesende Pfarrer war gerührt. Er stand – mit seinem Buch in der Hand – ein paar Schritte vor der Eingangstür des Saals. So konnte er nicht bemerken, wie die Tür behutsam geöffnet wurde und die Wirtin ihren Kopf hereinstreckte und der bei der Tür sitzenden Vorsteherin des Frauenvereins irgendetwas zuflüsterte. Die schaute nun eifrig nach rechts und nach links, bückte sich gar und schaute unter ihren Stuhl, blickte fragend zu ihrer Nachbarin und flüsterte ihr etwas ins Ohr. Derweil las der Pfarrer weiter über einen vierten König, der sich stören liess auf seinem Weg, weil er da und dort einfach helfen musste, und nun fürchtete, das Kind in der Krippe zu verpassen. Die Nachbarin aber äugte nun selbst nach rechts und nach links und bückte sich ihrerseits. Das alles begann jetzt immer mehr auch die Betagten zu interessieren, und statt dass sie gebannt auf ihren Pfarrer geschaut hätten, blickten sie auf die sich bückenden Frauen, vor allem, weil nun auch noch die zwei nächsten den seltsamen Reigen dieser Bewegungen mit vollzogen.

Der arme Pfarrer spürte, dass irgendetwas nicht in Ordnung war. Zwischen zwei Sätzen blickte er schnell nach hinten, sah das aufgeregte Gesicht der Wirtin, die Vorsteherin des Frauenvereins aber bedeutete ihm stumm, er solle nur weiterlesen, was er denn auch tapfer tat. Aber der Zauber der Stimmung war dahin, die Aufmerksamkeit gestört, gerade jetzt, da er dem sorgfältig vorbereiteten Höhepunkt der Geschichte sich näherte. Dem Pfarrer tat es leid um seine Mühe, leid um die schöne Geschichte. Was war wohl passiert, dass eine solche Andacht gestört wurde?

Ja, was war denn geschehen? Als Lehrerin und Kinder noch beim Most sassen, kam plötzlich der junge Bauer vom Nachbarhof in die Wirtsstube gerannt und berichtete aufgeregt, bei seiner schwangeren Frau hätten wohl die Geburtswehen eingesetzt und er hätte sie ins Krankenhaus fahren wollen, aber ausgerechnet jetzt streike die Batterie seines Wagens. Ob nicht die Wirtin ihn fahren könne. Doch die hatte gerade vor einer halben Stunde ihrem Sohn ihr Auto geliehen und der war weggefahren, vielleicht aber könne die Lehrerin helfen. Natürlich konnte und wollte sie das, und sie eilte zu ihrem Auto hinaus und bot dem jungen Bauern an, seine Frau zu holen.

Aber – um Himmelswillen – wo war jetzt der Autoschlüssel? Sie hatte ihn, das wusste sie bestimmt, in ihr Handtäschchen gelegt, aber das Täschchen war verschwunden. Sie eilte zurück in die Gaststube, aber da fand sie es nicht. Sollte sie es im Saal gelassen haben? Aber dort las jetzt der Pfarrer feierlich seine Geschichte, und den sollte man nicht stören. Das war nun wirklich zum Verrücktwerden. Da fasste sich eben die Wirtin ein Herz und öffnete leise die Tür im Rücken des Pfarrers und flüsterte. Aber es war wie verhext, so sehr man sich auch bückte – und es taten es immer mehr Frauen und Männer – das Handtäschchen mit dem Schlüssel wollte nicht zum Vorschein kommen.

Dafür wurden die Unmutsfalten auf der Stirn des Pfarrers immer grösser, und als er dann wirklich auf dem Höhepunkt der Geschichte angekommen war und vom lächelnden Kind erzählte, das der vierte König nun nicht im Stall, sondern auf dem Weg nach Ägypten traf, war ihm bewusst, dass dieses Jahr seine Weihnachtsgeschichte ihr Ziel verfehlt hatte; die Stimmung war gründlich gestört. War es denn nicht möglich, dass dreissig Menschen still sitzen konnten, um dem Wunder von Weihnachten seine Würde zu lassen? Und verbittert las er seine Geschichte zu Ende.

Trotz aller Mühe wollte es der Wirtin nicht gelingen, den Schlüssel zu finden. Die Lehrerin war verzweifelt, den jungen Bauern quälte jede Minute, die verstrich, und seine Frau stöhnte. Da meinte die Wirtin, man könne vielleicht ein Taxi bestellen oder die Ambulanz rufen. – Inzwischen hatten die Schüler ihren Most ausgetrunken und verliessen die Gaststube. Sie umstanden das Auto der Lehrerin, das vor einem Holzstapel geparkt war.

«Hier ist doch das Täschchen mit dem Schlüssel!», schrie einer der Grossgewachsenen, «auf dem Holzstapel liegt es.» O je, tatsächlich! Dorthin hatte es die Lehrerin in der Eile gelegt, als sie aus dem Kofferraum noch den Notenständer herausgenommen hatte für das Singspiel. Und dann war sie gleich ins Gasthaus gerannt und hatte es vergessen. Jetzt ging es aber schnell: Der Bauer stieg ein mit seiner Frau, die Lehrerin setzte sich ans Steuer und brachte das junge Paar ins Krankenhaus. Die Wirtin aber trat leise in den Saal und nickte den Frauen des Vereins zu, während alle mehr oder weniger jauchzend sangen: «Christus ist geboren!»

Ja, die Frau des jungen Bauern schenkte nicht viel später einem gesunden, kleinen Kind das Leben, einem Kind, dessen sich ankündigende Geburt den Pfarrer in seiner Weihnachtsgeschichte so unpassend gestört hatte.

Die Wirtin machte sich derweil an der Kaffeemaschine zu schaffen und sie lächelte. Ihr schien, sie hätte diesmal ihre eigene Weihnachtsgeschichte erlebt, eine viel aufregendere als die des Pfarrers, und sie nahm sich vor, der jungen Mutter bald einen schönen Blumenstrauss zu bringen.

EIN LÄNGERES NACHWORT

Das Leben besteht aus einer Fülle von Geschichten. Und jedes Leben verknüpft sich mit einer Fülle von Geschichten. Glaubende Menschen verknüpfen ihr Leben mit den Geschichten der Bibel, mit Geschichten Gottes. Wir möchten dann gerne wissen, ob all diese Geschichten auch wahr seien, und mit «wahr» meinen wir: wirklich geschehen. Ich weiss nicht, ob wir recht daran tun. Wahr könnte ja eine Geschichte auch sein, wenn sie, verknüpft mit meinem Leben, ein Stück Wahrheit in mein Leben hineinbrächte. Es gibt Geschichten, die nicht wirklich waren, aber die wirklich werden möchten.

Sei dem, wie es wolle. Vielleicht möchten Sie aber dennoch wissen, wie denn in meinem Pfarrhaus Weihnachten gefeiert wird, wie es nun wirklich ist bei mir. Ich habe während meines ganzen Pfarrerlebens immer in einer grossen Wohngemeinschaft mit jeweils sieben Jugendlichen zusammen gelebt. In den letzten Jahren stand – auf Wunsch der Jungen – immer ein wunderbar geschmückter Baum in meiner Stube. Darum herum versammelten sich alle, die an Weihnachten nicht heimgehen konnten oder nicht heimgehen wollten. Eingeladen war auch eine Anzahl von Gästen. Wir schauten in die Kerzen, hörten eine Geschichte und freuten uns am Essen. Es war nicht anders als in vielen Familien. Nur die Geschenke hatten wir abgeschafft. Das machte das Fest viel ruhiger.

Aber einzelne Weihnachtstage sind mir in starker Erinnerung. Von vieren möchte ich erzählen. Das also sind nicht nur wahre, sondern eben auch wirklich geschehene Geschichten.

DIE FLASCHE WEIN

Werner war kein Jugendlicher mehr. Er kam in mein Haus, weil er sich von Frau und Kind getrennt hatte. Den Koffer hat er nie ausgepackt, damit er jederzeit weiterziehen könnte. Die erste Weihnacht ohne Kind machte ihm Angst. Er sagte – und ich wusste nicht, meinte er es ernst –, er hätte sich schon den Baum ausgesucht fürs Auto, wenn er es nicht mehr aushalten sollte. Meine andern Hausgenossen konnten alle zu ihren Eltern. So versprach ich Werner, in meiner Stube nichts, aber auch gar nichts an Weihnachten erinnern zu lassen, keine Kerze, kein Tannenzweig. Ich wollte Werners Schmerz nicht noch verstärken.

In diesem Jahr musste ich predigen an Heiligabend, vor dem grossen Christbaum in der vollen Kirche. Werner hatte ich versprochen, eine Flasche Wein, den besten, den ich hatte, aus dem Keller zu holen. Die könnten wir nach dem Gottesdienst gegen Mitternacht zusammen trinken.

Ich kam heim, aber von Werner fehlte jede Spur. Ich sass vor der Flasche Wein in meiner so gar nicht weihnachtlichen Stube, eine Stunde, zwei Stunden, drei Stunden. Vieles ging mir durch den Kopf: der Baum, die Last dieses Abends, die Einsamkeit. Wer hätte gedacht, dass der Pfarrer, der eben noch vor so vielen Leuten gepredigt hatte, so den Heiligabend verbringen würde! Schliesslich ging ich erschöpft zu Bett.

Werner war da am nächsten Morgen. Er hatte unsere Abmachung vergessen und war in Zürich in den Gaststätten und im Bahnhofbuffet gewesen, dort, wo auch andere hingegangen waren, die sich daheim nicht wohl fühlten. Und er erzählte lebendig von all den Menschen, die er beobachtet hatte. Mir schien, diese Nacht sei mir schwerer gefallen als ihm. – Wir haben dann den Wein doch noch getrunken.

DAS KIND

Massimo und Jeannette waren zusammen in mein Haus gekommen, Menschen mit einer grossen Ausstrahlung, aber beide steckten tief im Heroin-Konsum. Es war schwierig mit ihnen; wir mochten sie gut, aber sie hätten eine festere Struktur gebraucht, als sie das Pfarrhaus bieten konnte. Es begann mit den Diebstählen, denn natürlich hatten sie immer viel zu wenig Geld. Ich wusste nicht, wie es weitergehen würde mit ihnen; ich ahnte nichts Gutes.

Sie waren es, die unbedingt ein Weihnachtsfest erleben wollten – mit Baum und Kerzen, mit Essen und Zusammensein. So bereiteten wir alles vor, die Kerzen waren angezündet, und wir setzten uns in die Stube. So nervös hatte ich Jeannette und Massimo noch kaum erlebt. Da musste er unbedingt noch einmal auf die Toilette. Und eben da, als er weg war, platzte es aus Jeannette heraus: «Ich muss es euch jetzt einfach sagen: Massimo und ich erwarten ein Kind!»

Da war alles vorbereitet zur Feier der Geburt des himmlischen Kindes. Und genau da kam die Nachricht vom zu erwartenden irdischen Kind. Die beiden Jungen klammerten sich an diesen Hoffnungsstrahl, als ob damit ihre Schwierigkeiten gelöst würden. Sie erwarteten wirklich einen «Heiland», während wir daran gingen, die Geburt des Heilands zu feiern.

Wie hätte ich reagieren sollen? Ich machte mir Sorgen, wusste nicht, wie diese Eltern zu ihrem Kind hätten schauen können, war ratlos, wie wir in unserer Gemeinschaft das schaffen würden – und spürte doch die Hoffnung der beiden. Ach, es war schwierig. Es muss ja auch für Josef schwierig gewesen sein, damals.

Nun, ein paar Wochen später sass Jeannette weinend vor mir. Sie hatte das werdende Kind verloren; die Hoffnung war zerstört. War es falsch, dass ich Erleichterung verspürte?

«SIE FANDEN KEINE HERBERGE»

Herr Patsis hatte sich in mein Haus verirrt, obwohl er nicht mehr jung war: über sechzig. Der stets edel gekleidete Grieche empfand es als seine Mission, bei allen Regierungen der Welt vorstellig zu werden und auf das Unrecht aufmerksam zu machen, das die Türken den Griechen auf Zypern zufügten. Dabei war er in seinem Land in Ungnade gefallen und fand keine Heimat mehr. Nur eine Woche wollte er in meinem Pfarrhaus bleiben; es wurden derer viel mehr.

Der Winter zog ins Land und Herr Patsis fror. «Bruder Lukas, könntest du mir Geld geben, damit ich mir warme Kleider kaufen könnte für den Winter?» Bruder Lukas gab ihm Geld, genug für einen schönen Wintermantel und für einen Anzug. Doch am folgenden Tag war Herr Patsis verschwunden, der Koffer selbst stand noch im Zimmer.

Zehn Tage später kam ein Brief aus Helsinki: «Bruder Lukas, ich bin mit deinem Geld nach Finnland gefahren, um mit dem Präsidenten zu sprechen. Könntest du mir nicht noch einmal einen Geldbetrag hierher schicken, es ist kalt. Ich dachte: etwa so viel wie letztes Mal!»

Nun, Bruder Lukas schickte einen Brief – ohne Geld. Dafür mit einer Kündigung, ich hätte den Eindruck, er habe meine Hilfe ganz falsch verstanden und sie missbraucht.

Herr Patsis räumte sein Zimmer. Ob er nicht doch bleiben dürfe? Nein. Ob er nach ein paar Wochen wieder kommen könne? Nein. Ich hätte Nein gesagt und das gelte. Trotzdem telefonierte er nach ein paar Tagen: ob er nicht doch kommen könne? Nein.

Nun, es wurde Heiligabend und ich sass an meiner Predigt zum Satz aus der Weihnachtsgeschichte: «Und sie fanden keine Herberge.» Es läutete. Wer stand vor der Tür? Herr Patsis mit seinem Köfferchen. «Bruder Lukas, es ist Weihnachten, und ich wollte fragen, ob ich nicht bei dir übernachten dürfte.»

Mir war, der liebe Gott hätte mir Herrn Patsis geschickt, um zu prüfen, ob denn dieser in so schönen Worten predigende Pfarrer einen Obdachlosen aufnehmen würde. So dachte ich zuerst. Und dann kam der andere Gedanke: «Der raffinierte Kerl, der weiss ganz genau, dass ein Pfarrer an Heiligabend nicht nein sagen kann!» Ach, ich helfe gern, aber ich kann es nicht ausstehen, wenn ich ausgenützt werde. «Nein, auch an Heiligabend nicht. Wenn ich Nein gesagt habe, dann gilt es.» Traurig verliess Herr Patsis das Pfarrhaus.

Und noch nie ist mir die Fortsetzung einer Predigt so schwergefallen wie an diesem Abend.

DAS UNWILLKOMMENE GESCHENK

Einmal im Jahr machten wir zusammen eine Reise: wir alle, die im Pfarrhaus wohnten. Nach Rom sollte es diesmal gehen, gleich nach Weihnachten. Ich hatte schon die Fahrkarten bestellt. Da kam René zu mir, er, den ich wie einen eigenen Sohn ins Herz geschlossen hatte: «Ich komme doch nicht mit nach Rom, ich möchte mit meiner Freundin Ski fahren gehen!» Dabei war es anders ausgemacht. Ich ärgerte mich.

Zwei Tage vor Weihnachten lag René im Krankenhaus: Sehnenriss. Er hatte sich – lebendig, wie er war – einfach zu schnell umgedreht. Da war nun auch nichts mit Skifahren. Ich besuchte ihn am Morgen des Heiligabends und brachte ihm ein kleines Geschenk. «Nun ist halt nichts, weder mit Rom noch mit Schnee!», sagte ich – hoffentlich ohne Schadenfreude.

Daheim musste ich unser Weihnachtsfest vorbereiten, Gäste waren noch eingeladen. Das Schmücken des Baumes war Sache der Jungen. Der Baum war gross, er füllte die Ecke der Stube. Nun war es an der Zeit, die Suppe aufzusetzen: Ochsenschwanz. Das alles war immer viel Arbeit. Da fehlte mir ein Gegenstand aus der Stube, den ich holen musste. Die Jungen waren mit dem Schmücken des Baumes beschäftigt. Da fragte Patrik: «Bist du nicht traurig, dass René nicht da ist, wenn wir zusammen feiern?» «Nein,» sagte ich, «dieses Jahr nicht. Es hat mich so enttäuscht, dass er nicht nach Rom mitkommen wollte, dass ich es besser finde, wenn er jetzt nicht da ist.»

Ich ging zurück zur Küche, und da kam Patrik. «Jetzt ist etwas ganz Blödes passiert. René hat alles gehört, was du eben gesagt hast.» «Was?» «Ja, wir haben uns mit weissen Gewändern als Krankenpfleger verkleidet, sind ins Krankenhaus gegangen mit einer Bahre und haben René an den Schwestern und an der Pforte vorbei hierhergebracht. Dann haben wir ihn hinter dem Baum versteckt – sozusagen als Geschenk für dich!»

Oh je, da war nun wirklich alles verdorben. Ich ärgerte mich über mich selbst, rührte in der Suppe herum und wusste nicht, was ich sagen sollte. Als dann der erste Gast sich meldete und in die Stube geführt werden wollte, ging ich zu René, der wirklich hinter dem Baum lag, und sagte zu ihm: «Jetzt weisst du halt, was ich denke. Ich finde es auch nicht richtig, dass du entgegen der Anordnung der Ärzte hier bist. Aber das will ich dir auch sagen: Ich finde es gut, dass du nicht immer das tust, was ich richtig finde.» – Nun, unserer Freundschaft hat dieser Heilig-abend keinen Abbruch getan. Aber die Stimmung blieb bei der Feier etwas gedämpft.

Inzwischen ist René selbst Chefarzt auf der Chirurgie-abteilung eines andern Krankenhauses geworden. Ob seine Patienten über Weihnachten in ihren Betten bleiben?

Einmal, oben im Alpenblick, habe ich eben diese Geschichten erzählt. Deshalb dachte ich, sie gehörten auch zu diesem Bändchen.